JN061088

マドンナメイト文庫

私の性体験投稿 淫らな素顔

夕刊フジ

目次

私の性体験投稿 淫らな素顔

はりつめていた糸——神奈川県・OL・四十七歳

確か「赤い傘をさす女」……そんなタイトルだったと思う。二十七年前、私が大学生のころ、つきあっていた彼、真一《しんいち》からもらった初めての絵。大小三角形のモチーフを組み合わせて描かれている抽象画。かなり大きなサイズで、私の肩ぐらいの高さまである。

大学のそばのワンルームのアパートに置くと、かなりの存在感。私はその個性的な絵が好きだった。

私は現在四十七歳。二十六歳のとき、友達の紹介で知り合った夫と結婚し、娘も生まれ、平凡ながら幸せな家庭生活だった。しかし、三年前に夫が病気で他界。ローンの済んだ家はあるけれど、生活費と子供の教育費のために働く忙しい毎日。

そんななか、大学の同窓会の案内が届いた。前回は十五年くらい前だったろうか。ちょうど子育て真っ最中で忙しく、案内のハガキは見たものの、すぐにどこかにやってしまった。

同窓会かぁ……。

今なら時間的には行けるかもしれない。でも、結婚はしたものの、母子家庭となった私が、まわりに劣等感を感じることなく楽しくすごせるだろうか。哀れみも欲しくない。中には、保険金が入ったからいいよねと、やっかむ人までいる。

どうしようかと迷っているなか、友人からの噂で、どうも元カレの真一も来るらしい。私の中で、今は実家に置いてある、彼からもらった絵が鮮やかに思い出され、心が動いた。

一カ月後の十一月、日曜日午後五時。都内のホテルの立食パーティールームには、着飾った男女がところ狭しと集まっていた。

少し大きめのクラシック音楽の流れるなか、それをときどきかき消すほどの話し声や笑い声で、会場は賑《にぎ》わっていた。

久しぶりに味わう華やかな場とまわりの高揚感。緊張をほぐしたいためなのか、私は友人と話すのもそこそこに、料理をとりにテーブルに向かった。そこへうしろのほうから声が聞こえた。

「真由ちゃん？」

振り向くと、そこに真一がいた。昔と変わらない明るい笑顔で。

「真由ちゃん、久しぶり。全然、変わらないね」

彼を見た瞬間、涙が出そうになった。

夫が亡くなってから、ずっとはりつめていた心の糸がゆるみそうになったのがわかった。自分のゆがみかけた笑顔を隠すためか、やけに大きな声になった。

「真一、ほんと久しぶり！」

話は弾み、そのうちに、ワインを飲みながらの身の上話となった。

真一は六年前に離婚。絵画教室の先生をしながら画家としても活動している。結婚していたときからつき合っていたカノジョはいたが、半年前に別れたらしい。

男性とふたりきりで話すのは久しぶりだった。そして、あの大学時代の同じ思い出を共有している彼と話せるのは懐かしく、今の私にはありがたかった。

二時間ほどが経《た》ったころ、同窓会はお開きとなり、希望者はホテル外の二次会会場である居酒屋へ移ることになった。

「行く？」

真一に訊《たず》ねる。

「真由といたいな」

「いいけど。変なことしちゃダメだよ」

「やった。じゃあ、二十分後に最上階のバーで」

まわりの友達に挨拶してまわったあと、ひとりでホテル最上階へのエレベーターに乗った。

最上階のエレベーターホールに着くと彼が待っていた。出ようとする私を押しこみながら、そのままエレベーターに乗ってきた。

「なに……どうしたの？」

「バーは満員で入れなかったから、部屋にした」

そう言うと、私をエレベーターの壁に押しつけて、激しくディープキスをし、胸をもみはじめた。

ワインで酔っている私の頭は混乱した。

彼は背が高めで色白、ほどよく筋肉がついた大柄な体格。明るくて話が上手で紳士的。なのにふたりっきりになると強引で野性的。そんなギャップにも、昔から強く惹《ひ》かれていたことを思い出していた。

確か、別れた原因は、私がセックスを拒んだのがきっかけだった。あの頃の私は、今よりもっと臆病で、彼とセックスしたあとに捨てられるのが怖かったからだ。

気づくと、ホテルの部屋でシャワーを浴びていた。少し酔いが覚めて、白いバスローブをはおって部屋に出ると、裸の男が椅子に座って私のほうを見ていた。彼のほどよく引きしまった体が目に入った。ドキッとした。私は彼に惹かれている。

「真由、今日は逃がさないからな」

彼の言葉に、私は全身に鳥肌がたつのを感じた。

こうなるのを、どこかで期待していたのかもしれない。

「乱れた真由が見たい……」

「私……ずっとしてなかったから……暗くして……」

言い終わらないうちに、真っ白い大きなダブルベッドに押し倒された。私のすべてを吸いつくすような執拗《しつよう》なディープキスをしながら、バスローブをはぎ取ってゆく彼。

また頭がクラクラしてきたが、理性はまだ残っていて、明るい中で、あられもない顔や体を彼に見られるのは耐えられない。

男の唇が私の耳に移ったところで、

「お願い、明かりを消して……恥ずかしい……」

やっと言えた。

ふと時間が気になり、ベッドわきの時計をのぞいた。八時になっていた。

高校生の娘には今日は二次会で遅くなるかもと伝えていたので、あと二時間は大丈夫。少しホッとした。

彼が部屋の電気を消し、暗くはなった。でも、カーテンを開け放った壁一面の窓からは、高層階のビルの夜景が美しく見え、部屋の中まで明るく照らされているので、お互いの表情までわかってしまう。

「もうちょっと飲もうか」

そう言って、彼はバスローブをはおって、部屋のミニバーから出してきた赤ワインをグラスに注いだ。

私も床に落ちていた自分のバスローブを着ようと腕をのばしたら、

「そのままでいいから！」

と、彼の声。

出しかけた手をとめて、ベッドに裸のまま腰かける。その横に、赤ワインの入ったグラスをひとつ持って彼が座った。

「少し上、向け」

赤ワインをひとくち含んで、私の唇にキスをした。彼の口から私の中に、液体が流れこんできた。どのタイミングで飲みこんだらいいのかとまどう。大学時代、彼の部屋で同じことがあったのを思い出した。

彼と共有する液体、同じ息……。

また少し酔ってきたのか、口もとからワインがこぼれそうになって慌てた。

何度かキスを繰り返し、グラスを空にしたころ、彼は言った。

「真由の声、聞きたい」

そして、私をベッドの中央にいざなった。

「両手をついて、四つん這いになって」

そのとおりにすると、うしろから太い指が私の中に差しこまれた。

「あぅ……」

思わず声が出てしまう。

指は細かく動きながら、より敏感な部分を探しはじめた。ほかの部分はどこも触らない。ただ一点のみ。

私の神経が花芯に集中する。

「腰を引くな。突きだせ！」

強い口調に、野性的なたくましさを感じ、さらに興奮してしまう。

「もうだめ。おねがい、おねがい……」

私の言葉が、彼の欲望にさらに火をつけた。

指の動きが激しくなり、私の内部をかきまわす。ただ荒々しくでなく、私の反応を見ながら強弱を繰り返してくる。

理性が飛んだ……。

「あぅ、ああぅ、ああぅ」

彼の指と一体化した私の肉体。指の動きに合わせて声が出る。頭の中が白くぼやけてきた。そこにはただ、大声であえぎながら腰を前後に動かしている女がいた。

体の内部から湧き出てくる、さざ波のような快感のうねりのなか、太い男の指が、いつの間にか逞《たくま》しい男根に変わっていることに気づいた。

遠い昔に少しだけつき合ったことがあるとはいえ、体の関係もなかった男に、今、素っ裸で快楽に身悶《もだ》える姿を見られている……。

そんなことが頭の片隅に浮かんできて体が震えた。

彼はそれに気づいたのか、

「腰を動かせ。休むな」

容赦なく私を攻めたてる。

その言葉に私もシビレる。そして、命令の言葉に感じる……。

「もう動くな。手をつっぱれ」

そう言うと、今度は激しく屹立《きつりつ》したものを私の中に打ちこみはじめた。

パーン、パーン。

肉と肉の打ち合う音が部屋中に響く。

これ以上の強い刺激は耐えられそうになかった。

「もう……もう……だめ、これ以上すると……」

「すると、なんだ？」

「イク……」

「イケ！」

パン、パン、パン、パン……。

さらに音が大きく、間隔が短くなった。

「きゃ」

子供のような高い叫び声をあげて、私はベッドに崩れた。

気づくと、彼が荒い息を整えながら、私の中から溢れ出た白い液体を、タオルで拭いてくれていた。

「真由は、旦那さんが亡くなってから自分の生の感情、出してなかっただろ。ちゃんと出したほうがいいと思う。でないと、そのうちに心が病んでしまう」

彼の声が遠くで聞こえていた。

はりつめていた糸が切れた。私はがんばりすぎていたのかもしれない。

このまま、心の奥底によどんだものすべてを吐き出させてほしい。

泣き声を出していた唇は、いつしか彼の温かな唇で覆われ、いつしかあえぎ声に変わっていた。

ふたたび正常位で重なった彼の腰の動きが速くなる。体の中心が熱くなる。山を登りつめるように快感とエネルギーが高まっていく。

大地の熱いマグマの中になにかが溶けていく……そして、男は私の中に吸収されていく。

私は今、起きていることに身を委ねた。

そのうちに大きな快感の波に呑まれた。

そして、なにもわからなくなった。

「真由、イッたみたいだね」

しばらく体を動かすことさえできなかった。ただ、彼への感謝の気持ちが体の底から湧きあがり、涙が溢れた。

淫語を口走る女

大阪府・会社員・五十八歳

営業部隊を率いて、二十年近くも地方都市を飛びまわっていた。その激務のせいか、それとも年のせいか、四十八歳のときに身体を壊して会社を辞めた。

ところが、これまでの功績を認めてくれていたのか、社長が、

「給料はちゃんと払ってやるから、しばらく遊んどけ」

と言ってくれたのを幸い、お言葉に甘えて半年ほどブラブラしていると、どこから聞きこんだのか、

「元気になったんだったら、戻ってこい」

と、電話がかかってきた。

また営業現場に入るのならイヤだな……と消極的になっていたら、本社で人事と研

修業務をやれと言われた。要は採用面接、新人教育、成績の落ちた社員の再研修が新しい仕事である。

ただし、自宅から本社までは電車で二時間三十分もかかってしまう。おかげで、またうれしい単身赴任とあいなった。

本社経理部に敦子《あつこ》という女性係長がいた。年齢は三十代半ば。顔だちもそれほど悪くないし、スタイルもなかなかの女性なのだが、どういうわけか独身、結婚歴なし、である。

会話をしても別に変なところもなく、性格に問題があるわけでもなさそうだった。それなのに、ほかの社員からは「お局さま」とか「行かず後家」などと陰口をたたかれていた。

もっとも経理部係長だけあって、経費、特に接待費にはうるさく、社長や専務がまわした領収書でさえ却下するくらいだったから、陰口をたたかれてもしかたなかったのかもしれない。

そんなある日、いつもは普通の居酒屋で飲んでいる私だが、たまには贅沢《ぜいたく》をしてもいいだろうと、以前、社長に連れていかれた高級割烹《かっぽう》に入ろうとしたとき、向こうから敦子がやってきた。

「あら、課長、すごいお店に入るんやねぇ」

と言うので、

「いっしょにどうだ？」

思わず誘ってみた。独りで飲むより、女性といっしょのほうがいいに決まっているからだ。

「私なんか誘うと後悔しますよ」

敦子が笑顔を見せた。

流行《はや》っているのか、七時すぎだというのに、店内はほとんど満席状態。仕事帰りの団体客で賑《にぎ》わっていた。

「遠慮せずに好きな料理、注文していいよ」

「あら、いいんですか。じゃあ」

掘《ほ》り炬燵《ごたつ》形式の個室に通された私たちは、思いおもいに料理を注文する。

私が冷酒を頼むと、敦子はウーロン茶を頼んだ。

「なんだ、飲まないのか？」

「飲めるけど、飲まない」

新年会も忘年会もそれぞれのセクションでやるので、これまで敦子と酒の席でいっしょになったことはなかった。

「飲めるんだったら、飲めよ」

「男性の前じゃ飲まないことにしてるけど、ま、課長だったらいいか」

「なんだ、それ」

「その代わり、どうなっても知りませんよ」

「え、酒癖悪いのか？　からまれるのと説教されるのはいやだぞ」

「そんなんちゃいます。そのうちわかるわ」

しばらくは運ばれてきた料理と酒を楽しんで、小一時間も経《た》っただろうか。

敦子の表情や話しぶりにおかしな気配はなく、少し酔いのまわった、上気した表情をしているだけだった。

しかし、信じられないことが起こったのは、仲居さんが酒のお代わりを持ってきて、平らげた料理の器を下げたあとだった。

「課長の奥様って、自分からフェラチオしはります？」

敦子の熱く潤んだ瞳が私を見すえた。

「……え？　フェラチオ？」

「だからぁ、課長の奥様って、課長が催促しはらなくても、自分から課長のチ×ポしゃぶりはりますか？」

な、なんだ、この女は！

頬と瞳に多少の酔いはうかがえるが、自失しているようではなかった。

少し驚いたが、酔いに任せて女性と猥談《わいだん》を愉《たの》しむのは嫌いではない。もしかしたら、続きがあるかもしれないからだ。いや、このパターンは間違いない。

「まあ、たいていは俺が催促するけど、久しぶりに家に帰ったときに、セックスしないで俺が疲れて眠りこんだりしたら、気がつくとしゃぶってることはあるな。で、敦子は？　フェラチオするの好きなのか？」

「好きやわぁ、チ×ポしゃぶるの。酔っぱらうと、特にしゃぶりたくなっちゃう」

酔いと官能のせいで唇が乾くのだろう、しきりに唇を舐めている。

前かがみになって私を見つめるその表情は、もし私が立ちあがったら、躊躇《ちゅうちょ》なくファスナーを下ろしそうに思えた。

酔うと誰彼なく、セックスしたくなる女性がいるという話を聞いたことはあったが、敦子もそうなのかもしれない。

「男と飲むと、こうなるねん」

ふっとうつむいた敦子の寂しそうな表情が、私の劣情を燃えあがらせた。

「俺のチ×ポでもいいのか……？」

「いやなら課長と飲まへん。課長のチ×ポしゃぶりたい」

敦子の目が潤んでいた。

割烹から私の部屋までタクシーで五分ほどだ。

車中、私は敦子の肩を抱き、ブラウスの上から形のよさそうな乳房を揉みたて、敦子は私の勃起をズボンの上から撫でさする。

外は夜だが、タクシーの運転手の目がある。

私の肩に頬をのせて喘ぐように「チ×ポ欲しい。チ×ポ欲しい」と繰り返していた敦子もかろうじて理性を失わずに済んだ。

部屋に入ると、いきなり敦子がしなだれかかるように、敷きっぱなしの布団の上に私を押し倒した。

「欲しい、チ×ポ」

忙《せわ》しなくファスナーを下ろし、トランクスを下ろし、飛び跳ねるように露《あらわ》になった勃起を握り、燃えるような瞳で眩《まぶ》しそうに見つめるといきなり咥えこんだ。

痺《しび》れるような快感が下腹部を襲ってきた。

さすがにフェラチオが好きだと言うだけのことはある。技巧を駆使するわけではないし、男を悦《よろこ》ばせようとするわけでもない。ただ夢中で勃起を舐め、しゃぶり、吸いたて、咥えてしごきあげる。

過去の男にしこまれたわけではないようだ。

勃起の愛撫に意識を集中すると、一気に射精してしまいそうになる。

私は敦子の尻を引きよせ、四つん這いにさせると、服を脱がした。

タクシーの中で触ったときにわかっていたが、意外と巨乳である。しかも四つん這いになっても、ほとんど垂れていない。

スカートを脱がせると、黒のショーツの下半分が濡れそぼり、シミを浮きあがらせていた。そのショーツを引き下ろすと、愛液に濡れ光る秘部が露になる。

膝を開かせると、ぬちゃっという音とともに女陰が開き、粘り気のある愛液が糸を引いた。

敦子は、というと、私の勃起に食らいついたまま離れない。夢中でしゃぶり、舐め、すぼめた唇でしごきたてている。

こんな状態になっている敦子に、もはや前戯は不要だろう。

私は二本の指を膣孔にあてがい、一気にめりこませた。

「う、おおぅ」

獣のような呻《うめ》きをあげ、敦子が裸身を反らしたが、それでも勃起は口から離そうとしない。

私は軽く折り曲げた指先に当たる、膣孔のクリトリスのちょうど裏側の部分の膣粘膜をゆっくりしゃくりあげながら、親指でピンク色に勃起したクリトリスを揉みこみ、擦《こす》りたてた。

敦子の獣のような呻きが、一気に高まる。

膣孔から洩《も》れる淫猥な濁音が「ぐちゃっ」から「ぬちゃっ」すぐに「ぴちゃっ」と変化する。

しなやかな裸身が、小刻みに痙攣《けいれん》しはじめた。

潮を噴く前兆である。

「だめっ、イクっ、イクっ。やだっ、出るっ」

敦子が初めて口から離した勃起を手のひらに包みこんでしごきたてながら、裸身を極限まで反らし、尻肉を突き出して振りたてた。

尿孔から、透明な愛液がぴゅっと噴き出し、布団の上に飛んだ。

「ああ、出るっ、出るっ、すごいっ」

膣粘膜が一気に何度も収縮と弛緩《しかん》を繰り返し、膣孔をしゃくる二本の指が、強烈に締めつけられる。

私が指をしゃくるたびに、敦子の裸身が大きく痙攣し、おびただしい愛液が間欠泉のように何度もしぶく。

シーツの上にふたつ、みっつ水たまりができるほど愛液を噴き出してから、敦子の痙攣が少しおさまった。

エクスタシーの絶頂を極めた敦子の淫猥な様子に興奮した私は、ふたたび激しくなった勃起への愛撫にたえきれなくなり、敦子の口を膣孔に見たてて勃起を突き出した。

それと察した敦子は、唇をすぼめて吸いたて、片手でふたつの肉玉を揉みこみ、根元を指でしごいた。

目の眩《くら》むような射精感が勃起を襲う。

敦子が、先ほどのとは異なる呻きをあげて、噴出する精液を口中で受け止め、舌先を泳がせて、飲み下す。

私が満足したあともなお、敦子は力を失わない勃起を舐め、しゃぶりたてている。

本当にフェラが好きなんだな……。

たいていの女性は、フェラをするのはセックスの前提として、つまり挿入してもらうために勃起させる必要があるからするのであり、またあるいは男性を悦ばせるためにするのである。

敦子の場合は、それとは明らかに違っていた。

たんに勃起を口で愛撫する、舐め、しゃぶり、唇でしごく、その行為が好きなのだろう。こんな女は初めてだ。止めなければ、何時間でもしゃぶっているだろう。だからといって、このままこれだけで終わるのはもったいない。

私は、敦子の裸身を仰向けにして、脚をひろげ、勃起を膣孔にあてがった。

「して、オ×コ、して、チ×ポ、入れて、私のオ×コに、課長のチ×ポ」

美貌を官能にゆがめ、ふたたび淫猥な言葉を吐き散らす敦子の淫猥な表情に興奮した私は、勢いよく腰を沈めた。敦子の唾液にまみれた勃起が、愛液に潤った膣粘膜を一気にこじ開けてゆく。

「ああ、オ×コ、チ×ポ、いっぱい。チ×ポ、いい。オ×コ、すごい」

熱い喘ぎを吐きつづけ、閉ざすこともできない風情の唇を塞いでキスをすると、一瞬は応じるが、すぐに顔を背け、ふたたび淫猥な言葉を吐き散らしはじめる。

「私のオ×コ、課長のチ×ポいっぱい。オ×コいい、チ×ポいい」

私は敦子の裸身を抱きよせて抱え、そのまま仰向けになって敦子を上にしてやった。騎乗位だ。

「チ×ポ、オ×コの奥、当たる」

敦子は、自分の体重を支えるように膝を使い、尻肉を前後左右上下に振りたてる。膣粘膜の奥底を刺激するように深く、膣孔を刺激するように浅く、また接合部分の感触を愉しむようにゆっくりと、そして快感を貪るように速く。

私は目の前に揺れる形のいい乳房をわしづかみにして揉みたて、指の間に勃起した乳首を挟んでひねり、こすりたてる。

ふたたび、膣孔から洩れていた愛液の濁音が「ぶちゅっ」から「ぬちゃっ」に「ぐちゅっ」から「ぴちゅっ」に変わった。

「ああ、イクっ、イクっ。イクーっ」

敦子の躍動する裸身が一気に痙攣を起こし、尿孔から先ほどよりも激しく、おびただしい愛液が噴き出した。

敦子が尻肉を振りたてるたびに間欠泉のように噴き出した愛液は、私のへそのくぼみにたまり、恥毛をびしょ濡れにし、結合部から滴って私の尻の下のシーツにたまりを作った。

今夜は、この布団の上じゃ寝られないな……。

そう思いながらも、敦子の性欲のすさまじさ、セックスの激しさに圧倒され、私は二度目の射精を迎えた。

「ああ、イク、イク、イクーっ、オ×コ、精液、いっぱい、チ×ポ、ぴくぴくしてる。オ×コいっぱい」

敦子が躍動をやめ、痙攣する裸身を静止させ、エクスタシーの極みを愉しむ。

「チ×ポ好き」

そして最後に、うわ言のようなひと言を吐いて敦子が私の上にうつ伏した。キスをすると、今度は拒まず、私の唇と舌を貪り返してきた。収縮弛緩を繰り返す敦子の膣粘膜が勃起をもてあそぶように締めつけ、しごくような動きをしている。

その余韻を愉しんでいるうちに、力を失った男根がぐにょりと押し出された。

「私、変態みたいでしょう? 嫌いになった?」

「ちょっとびっくりしたけどな。でも、いやだったら抱いたりしねぇよ」

「懲りずにまた、飲みに連れていってくれはる?」

「ああ、また誘うよ」

しかし彼女との痴戯も、これが最初で最後だった。それからまもなく彼女の母親が倒れ、帰郷してしまったからだ。

現在、敦子は実家の旅館の跡を継ぎ、女将《おかみ》としてがんばっている。

ハーフハーフで目覚めた夜

東京都・タクシードライバー・五十四歳

ん……男の子？　それとも女の子……？

八年前の師走《しわす》。深夜にその子が私のタクシーへ乗車してきたとき、まず頭をよぎったのはそのことでした。

髪は耳が見えるほど短く、行き先の告げ方もぶっきらぼうな反面、声のトーンが高く、うっすらと化粧をしているのです。

カーキ色のダウンジャケットの、胸もとのふくらみ状態からではどちらにもとれるし、ジーパンに、黒い革靴を履いています。

いずれにしても、目もとのキリッとした、なかなかの美形で、まだ二十歳そこそこでしょう。

行き先を確認して車を発進させたあとも気になって、ときどきルームミラー越しに様子をうかがっていました。

その子はしばらく黙って窓の外を見ていたのですが、目的地まで半分くらいを過ぎたころ、突然私に話しかけてきたのです。

「ねえ、運転手さん、自分、男だと思います？　それとも女だと思います？」

「は？　いや、その……」

私は胸中を読まれたような質問に、ハタと困ってしまいました。

「自分、こう見えても女なんスよ」

自分……女……スよ……。

そぐわない言葉の組み合わせに、私の頭は混乱するばかりです。

「……あ、すみません、お客さん」

「謝る必要はないっスよ。どっちつかずのこっちが悪いんスから」

それをきっかけに、その子は堰《せき》を切ったように、身の上話を始めたのでした。

幼少期からなぜか女の子にモテ、女子高に進学したものだからさらに拍車がかかってしまい、男の子との初恋を経験する前に、ある年上の女性によって同性愛の世界に引きこまれたのだと言います。

中学のときに離婚した母親は、女の子らしい妹ばかりを溺愛し、父親も再婚して新しい家庭があるので、行き場のない彼女は高校を中退して家を飛び出し、現在はレズバーでアルバイトを続けているのだそうです。

「なるほど……苦労されてるんですね」

「でもね、今も自分が本当にレズビアンなのか、疑問なんスよ、男の人とつきあった経験がないから……女の人が嫌いなわけじゃないけど、このままズルズル生きていくのも怖いんス。この先、どうすればいいのかなぁ」

私はだんだん彼女がかわいそうになってきました。聞けば、年明け早々に二十二歳になるのだと言います。

「甘えたい時期に甘えられず、頼られっぱなしで、きっと、疲れちゃったんでしょうね」

タチ（男役）ネコ（女役）で言えば、彼女は能動的なタチであるのは明白でした。

「相手の期待に合わせて、男っぽくしなきゃって考えすぎなんじゃないですか。いっそ、仕事のとき以外は、女であることを意識してふるまったらどうでしょう。言葉遣いとか……」

「言葉遣いか……もうずっとこの調子だし、急には難しいなぁ」

「徐々にでいいんです。また違った自分を発見できるかもしれませんよ。試してみる価値はあるでしょう」

「言葉遣いって言えば、運転手さんも敬語じゃなくていいスよ。自分よりずっと年上なんだから」

「この位置関係だと、どうしても習慣になっちゃいましてね」

私がそう返すと、彼女はタクシーを停《と》めるように指示し、後部座席からイタズラそうな笑顔を浮かべて助手席に乗りこんできました。

「これでどう？」

本当は無邪気でかわいい子なんだな、と私は思いました。

「じゃ、僕も敬語をよすから、君も自分とかスよはなしだよ」

「うん。運転手さん、○○さんていうの？」

ダッシュボードの上の乗務員証を見たのでしょう。その子が訊《き》きました。

「自分……いや、あたし、か。あたし、リオ。理科の理に、中央の央よ。こんな感じ？」

「声の質がかわいいから、そのほうがずっといいよ」

私が言うと、理央《りお》はうれしそうにほほ笑みました。

まるで深夜のドライブのような雰囲気のうちに彼女のアパートに到着し、精算が終わりました。

「まわりにこういう話できる異性がいないから、とっても楽しかった。名刺、もらえます？」

そう言われて、私は名刺を一枚わたしました。

と、ここまでは比較的あることなのですが、理央が「少し寄っていきませんか」と誘うのです。

「寄るって……僕がひとり暮らしの女の子の部屋に？　それはちょっと……」

正直、過去にも何度かそうした体験をしましたが、親子ほども年が違えば、やはり躊躇《ちゅうちょ》します。

「話したりないんだもん。ね、コーヒー一杯だけ」

迷った挙げ句、誘いを受けることにしました。

理央の部屋はロフト付のワンルームでした。

私は促されるまま、ちゃぶ台の前に腰を下ろします。

「ブラックでいい？」

理央はドリップ式のコーヒーを入れてくれ、私の隣に両膝を立てて座りました。

「ある女性って、中学のときに通っていた塾の先生なんだ」

コーヒーをひと口すすり、身の上話の再開。理央は相変わらずの男言葉で語りはじめました。

「両親が離婚して塾はやめたんだけど、家出中に先生とバッタリ再会して……それで、そういう関係になっちゃった。○○さん、年いくつ？　じゃあ、先生が四つ下だ」

そのとき私は四十六歳でしたから、独身だという塾の女教師は当時四十二歳。理央よりも二十歳も上の計算になります。小遣いをくれるので、今でもときどき会ってるのだと言います。

「でもね、ほとんどあたしが奉仕するだけ。その先生、あたしを自分好みのタチに育てたんだよ。おかげで今じゃ、ほかの女の人と寝ても上手だって誉《ほ》められるけどさ」

「うーん……理央ちゃん、イッた経験は？」

訊《たず》ねると、理央はかぶりを振り、またコーヒーをすすりました。

「そっかぁ……じゃあ、理央ちゃんに面白味はないよなぁ……」

「それでね、○○さんにお願いがあって誘ったんだよ。ね、あたしをギュッて抱いてみてくれない？」

「な、なんだってぇ⁉」

私は飲みかけていたコーヒーを噴き出しそうになりました。

「真性のレズって、男に触れられると体が拒否反応を示すそうなんだ。だから、実験してみたいんだよ」

理央は着ていたダウンジャケットを脱ぎ、えんじ色のセーター姿になると、私にジリジリとにじり寄ってきます。

「ね、お願い。オトコ女がどんなふうだか、試す価値はあると思うよ」

こうした展開をまったく予想できなかったわけではありませんが、とまどいながら胸に抱きとめます。

理央の体は華奢《きゃしゃ》で、やはり女性の抱き心地でした。

「これでいい？」

「うん。男の人の体って硬いんだね。でも、悪くない……ていうか、いい感じ。ねえ、ロフトでもっといろいろ試してみたいんだけど」

「いろいろって、たとえば？」

「いいから、とりあえず上がろうよ」

強引に私の手を引き、ハシゴを登っていきます。

天井が低いので、私たちは必然的に敷きっぱなしの布団の上に座るかたちになりました。周囲にはペットボトルや衣類が散乱したままです。

ロフトは下の部屋より暖かかったので、理央はセーターを脱いでシャツ姿となり、私も上着を脱いでネクタイをゆるめました。

「いつも女の人にしてるみたいにしてみて」

そう言うと、理央は布団の上に仰向けに寝て、目を閉じました。

私は覚悟を決めました。

「わかった。もし、いやだったら言ってね」

理央の隣に添い寝し、シャツ越しに脇腹など、当たり障《さわ》りのない部分を触りはじめます。

「あは、くすぐったい。遠慮しないで、もっとほかのところも触ってよ」

理央は肘枕していた私の腕を伸ばさせて自分の頭の下に敷き、そう促しました。

よーし、そこまで言うのなら……。

すっかり情欲に火がついた私は、理央のシャツとインナーを半分ほどまくり、直接お腹に触ります。

その瞬間、彼女の体がピクッと強《こわ》ばりましたが、それは拒絶というよりも、処女が初めて男に接したときの緊張のように、私には感じられました。

手の力を抜き、刷毛《はけ》のようにやわらかく動かして、感度を胸へと掃き集めます。

理央の閉じたまぶたが小刻みに震えています。

鳥肌の立った腹部のうぶ毛を逆立てながら、この子はレズなんかじゃない、ちゃんと男を受け入れられる……私はそう確信したのでした。

次第に理央の胸もとが迫りあがってゆき、できた背中の隙間に頭の下の腕をすべらせて、肩を抱きます。

額に軽くキスし、シャツとインナーを緞帳《どんちょう》のようにまくりあげて、ノーブラの胸もとを露出させました。

「恥ずかしい……」

理央の眠れる女の部分が、甘やかな抗《あらが》いの声を漏らしました。

男だと思いこまされていた隆起は控えめで、頂《いただき》の蕾《つぼみ》もまだ小さく、淡い桜色をしています。

「とてもきれいだよ」

私は正直に告げました。

「ウソッ。あたしの胸、ペチャンコで子供のまんまだもん」

拗《す》ねた言葉は、ふくよかな乳房への憧れを暗に示唆しています。本音では、女性として生きたいのでしょう。

「ウソじゃないさ」

私は隆起の麓に舌を這わせ、もう一方の頂を五本の指でわざとつかみそこねる愛撫を開始しました。

「あん、うーん……」

外見は発育途上の肉体も、中身は年上のネコによって、本人の知らない間に開発されていたようです。

私の五指が縮まるたびに、理央はシーツを握りなおし、まぶたをヒクつかせます。

緊張がさらに高まりますが、蕾には触れません。

「どう、感じる?」

「うん。とっても」

少々暑くなってきたので、私は起きあがってアンダーシャツとズボンだけになり、理央のジーパンを脱がせて、ふたたび元の姿勢に戻ります。

さすがに理央も、下着は女物の青地に黒いベルトラインのサポーターショーツを穿《は》いていました。

愛撫の再開です。今度は五指の収縮時、かすかに蕾に触れてみます。そのたびに理央の全身がわななき、反応は顕著でした。

やがて、攻撃の的を蕾だけに絞りました。片方を舌先で、もう片方を手のひらで転がします。

「○○さん、感じるっ、感じるよォ」

それは、誰が聞いても、れっきとした女のあえぎ声だったと思います。

片方の蕾を口に含んだまま手を這わせてゆくと、理央の股間は驚くほどに濡れそぼっていました。

その中心を、私は中指を鈎《かぎ》状に曲げて割れ目ぞいになぞります。さらに雌しべをそっと擦《こす》ると、理央は布団の上をのたくりながら、嗚咽《おえつ》を漏らしはじめました。

「し、しびれるっ……こんなの、初めてだよ」

ショーツの生地からにじみ出た蜜が、私の二本指を熱く濡らします。

「だ、だめっ、それ以上されたら、オシッコ漏らしちゃうっ」

小細工せずに、未経験だという絶頂を一度味わわせてやろうと考えた私は、暴れる理央の脚を膝で押さえて固定し、あくまでもやさしく雌しべを擦ります。

「怖いっ……でも、チョー気持ちいいっ」

それからものの数分のうちに、理央は全身を弓なりに硬直させ、あごをガクガク痙《けい》攣《れん》させて果て、布団の上にくずれ落ちたのでした。


「○○さん、あたしのこと好き?」

私の胸に顔をうずめたまま、理央が訊ねました。

「もちろん、大好きだよ」

「じゃ、ほかのところでいっしょに暮らそうよ」

「えっ……!?」

「冗談だよ、冗談。そんな困った顔しないでよ。あーあ、でも……私にも素敵な彼氏ができるかなぁ」

「大丈夫だよ。どう、女の子としてやっていけそうかい？」

「うーん、ハーフハーフってところかなぁ……」

「納得のうえなら女の人とつきあうのもいいと思うけど。どっちにしても、焦らずにじっくり考えなよ」

「そうだね」

こうして私は、三時間あまりを過ごし、理央の部屋をあとにしたのでした。

そして、別れぎわに「また連絡するね」と交わした約束は、守られることはありませんでした。

私は今でもふとした折に、理央のことを懐かしく思い出しています。

でも、彼女なら、きっと苦難に打ち勝ち、幸せに過ごしている……私はそう信じています。

老いの性欲

兵庫県・無職・七十五歳

私は七十五歳を、女房も七十歳を過ぎましたが、ともにますます元気です。

とはいえ、男なら誰でも同じでしょうが、女房の口うるささと横着《おうちゃく》さが目にあまるものとなり、そのうえ、ビヤダルとタレ乳の姿には、もうたまりません。

たとえ歳《とし》は取っても、異性を求める気持ちは誰にも負けないのですが、私のように七十五歳を過ぎても、まだ性欲が盛んというのは、異常なのでしょうか。

私は、卓球にゴルフ、カラオケなど、いろんな趣味を持ち、サークル行脚《あんぎゃ》を行いながら抱ける女性を探しつづけています。ただし、女性メンバーの少ないゴルフでは相手探しが難しいので、主に卓球とカラオケサークルで楽しんでいます。

卓球サークルでは、初心者で、年のわりにはかわいく、オッパイも少し大きい慶子《けいこ》さんを標的に設定。コーチとしての役得で、手取り足取り教えています。

そして、ときにはさりげなくお尻に触れたり、オッパイに触れたりもしますが、拒否はされません。それどころか、わざとかどうかはわかりませんが、なかなか上達せず、逆に私のお触りを楽しんでいるようです。

慶子さんは、ご主人を亡くして十年以上経《た》つのですが、アタックを強め、卓球以外でも接触を深めていきました。かなり親しくなった頃を見計らって花見のデートを申しこみましたが、

「いっしょにいるところを見られた大変でしょう」

と、やんわりと断られ、相手にしてくれませんでした。

一般に言われているように、「離婚した人より、夫と死別した人のほうが昔の良い思い出が残っているため、身持ちが堅い」というのは、本当のようです。

ただし、私を避けているわけではありませんので、今後もそのままの関係を続けていきながら、なんとかモノにしようと思っています。

しかし、次の相手を探さなければなりません。そこで、もう五年以上参加しているカラオケサークルの女性メンバーの中から好ましい人を数人選定。

なんとか個人的に関係を深めたいとデュエットに指名したり、彼女が歌ったときには大きな拍手をするとか、できるだけ良い印象を与えるように努めていきました。

そんなある日、例会の飲み会の席上、オッパイの話題となり、酔いも手伝って大いに盛りあがりました。

男性、女性を問わず、オッパイに関するいろんな話が飛びかいます。

そんなとき、前から目をつけていた主婦の和代《かずよ》さんが、

「私は子供を産んでから急に、オッパイが大きくなった」

と口にしたのが、オッパイ好きの私にはグッときました。

ならばと、彼女ひとりに狙いを絞ります。

和代さんは六十八歳。今まで以上に和代さんをデュエットに指名したり、彼女が歌ったときは大拍手をしてアピールを続けました。

あまりに彼女のことを思いつづけたからでしょうか。なんと、夢の中にも出てきて、大きなオッパイを触らせてくれるようになりましたが、残念ながら、乳首に吸いつく寸前でいつも目が覚めてしまうのです。

どうしたら、もっと彼女と親しくなれるか……と思案のすえ、私は車を持っていて

時間も比較的自由になりますので、ドライブに誘うことにしました。

そして、ある例会のあと、思いきって「ドライブにつき合ってくれませんか、このところは毎晩、和代さんが夢に出てくるようになっているんです」と誘ってみました。

ご主人のいる和代さんですから断られるのは当然と言えば当然でしたが、「なにそれ。だめですよ」と、笑いながら、軽く一蹴されました。

しかし私としても、恥をさらして告白した以上、ここで簡単にあきらめるわけにはいきません。

断られたら、あとあと気まずくなるのを承知で誘ったのです。「夢の中のあなたはとてもやさしくて、私の話もちゃんと聞いてくれます」と食いさがります。

すると和代さんは真顔になり、

「そんなことを言われても困るわぁ、私にどうしろというんですか、奥さんにも悪いでしょう」

と言いましたが、私の気持ちは充分伝わったようです。

ここで、もうひと押しとばかりに、

「あなたの歌と声が大好きなんです。ドライブしながら歌を聴きたいし、私の歌も聴いてほしいし」

とたたみかけます。

和代さんもとうとう根負けしたのか、

「そんなの無理やわ、どうしたらいいかわからんし……無理やと思うけど、少し考える時間をくれませんか」

と、いちおう検討することを約束してくれました。

その夜、和代さんを思い浮かべながら、

「いやや、やめてぇ」

と、いやがる女房の性感帯である垂れ乳にかぶりつきました。

オ×コをいじると、垂れ乳への愛撫が功を奏したのか、すでに濡れぬれ。

「いやや、ダメぇ」

と言いながらも、いつしか体で続きを催促してきたのでした。

かといって、フニャチンではドッキングできませんので、女房を大股開きにさせ、握らせたチ×チンを自分のオ×コにあてがわせ、腰を前後に使っているうちに、少しずつ入っていきました。

こうして私は、ありったけの精を古女房のオ×コの中に放出したのでした。

そして次の例会の帰り道、和代さんが恥ずかしそうな表情で、

「どうしようか迷ったけれど、ドライブだけなら行ってもいいよ」

と、オーケーの返事をくれ、

「でも、主人が毎週水曜日の午前中に医者通いをしているので、できれば、それ以外の午後の夕食準備前までの一時間以内にしてもらえないですか」

と、条件を出されました。

もちろんオーケーで、次の例会後にドライブすることになったのです。

近くの公園の人目の少ないところに車を停《と》めて和代さんを待ちました、まもなく、和代さんはオッパイが強調されたデザインのオシャレなワンピース姿で車に乗りこんできました。

「ありがとう。今日は無理言ってごめんなさい」

まずお礼を言ってから車を走らせましたが、和代さんはこれからの展開に対する不安からか、言葉少なめでした。

適当な世間話をしながら二十分ほど車を走らせますと、海の見える、車も人もあま

り通らない場所がありましたので車を停めました。

さて、ここから、どう口説けばいいのか……。

私はドライブに誘いましたが、当然それ以上の進展を考えているわけです。しかし、和代さんは「ドライブだけなら」とオーケーをしてくれているのです。

迷ったすえ、私は正直に、

「ほら、前に飲み会でオッパイの話になったときのことを覚えていますか。そのとき、和代さんが子供産んでから急に大きくなったと話してくれたでしょう。じつは、それから私はあなたの胸が気になり、いつもさりげなく見ていたんです」

と打ち明けました。

すると和代さんは、びっくりしたような、そして少しうれしそうな表情を見せました。

思いきって、和代さんのオッパイをわしづかみにしましたが、彼女はその手を払いのけるどころか、私の手の上からそっと手を重ねてきたのです。

しかし、彼女の口から出た言葉は、取っている態度とは違っていました。

「ドライブだけって言ったでしょ、こんなことしてぇ」

大げさに驚くふりをしながらも、重ねた手はそのままで、顔もほころんでいます。

無言でオッパイを揉みはじめますと、和代さんは抗《あらが》わず、目を閉じて、小さなあえぎ声を漏らしはじめました。

「直接、触りたい……」

耳もとでささやくと、コックリとうなずいてくれたので、ワンピースのボタンをはずし、胸もとを大きくはだけさせます。

ブラジャーの下に手を差し入れ、両方のオッパイを交互に揉みまくります。

感じはじめたのか、和代さんの息がだんだん荒くなってきました。

さらに強く揉み、舐め、そして乳首をつまんだり、甘嚙みしたりして、これまで夢想していたことを好き放題にしまくります。

グッタリと力の抜け落ちた和代さんの上体を支えながら、

「あそこも触らせて」

ふたたび耳もとでささやくと、私は返事を待たずにワンピースの裾から手を差し入れました。

最初は無言でひざをかたく閉じ、抵抗していましたが、オッパイを吸いながら強引に手を進めていくうちに、その抵抗も弱まり、やっとパンティーに手が届きました。

パンティーわきのゴムから手を入れ、指を這わすと、そこはもうグチャグチャのぬかるみ状態。さらに指でかきまわすと、全身で大きく反応し、「ああ、いい」と大声をあげて悶《もだ》えまくります。

しかし、ご主人がいる身ですから、あまり時間が取れません。約束なので、残念ながらこの日はここまでにすることにしました。

和代さんはもう少し楽しみたかったようで、次回の約束を彼女から催促してきました。もちろん、私もオーケーです。ドライブに誘ったのは大正解でした。

その夜は、指先に残った和代さんのオ×コの感触を思い出しながら、女房の垂れ乳とオ×コで我慢しました。

次のカラオケサークルの例会では、和代さんと顔を合わせるのが照れくさかったのをよく覚えています。

そしてこの日から、ふたりはあまりベタベタせず、会員仲間にさとられないようにつき合いを深めていくことになるのです。

とはいえ、例会後にドライブする約束は、なかなか日程が合わず実現できませんでした。

そして三カ月後、やっと二回目のドライブに行くことができました。ドライブだけではないことはお互い承知の上ですから、当然多めの時間を確保できるようにします。公園近くで待ち合わせて車を発進。前回と同じ場所に車を停めると、和代さんは自らシートベルトをはずし、私のほうへ身を寄せてきました。

まず、互いの舌をからめ合う濃厚な口づけから始まります。すぐに胸に手を差し入れますと、驚いたことにノーブラです。もしやと思って、オ×コにも手を這わせますと、これまたビックリ仰天。ノーパンだったうえに、すでに濡れぬれだったのです。指でオ×コをこねまわしながら、耳もとで「私のチ×チンを握って」とお願いしました。

すると和代さんは、待ってましたとばかりに、なんのためらいもなく、フニャチンを取り出してしごいてくれました。

もっともキンキンになることはなく、ほんの少し芯が通ったくらいでしたが、男のモノを握ったのが久しぶりだったのか、本当にうれしそうでした。

あっという間に一時間ほどが過ぎ、帰らなければなりませんでしたが、握ったまま放してくれません。

つき合いを長続きさせるためにもまわりに気づかれてはだめですので、愛撫を打ちきって帰途につきましたが、和代さんは最後までチ×チンを握ったままでした。

これまでのドライブで、車の中でやれることはやりつくしました。年寄り同士ですから最後までは無理ですが、好きになった女性のすべてが見たいと思うようになりました。

といって、それぞれの家や車の中では無理なので、シティホテルに行くことになりました。

入室してすぐに抱き合い、舌をからめ合ったあと、風呂に入ることにします。

互いに一枚ずつ脱がし合いましたが、最後は垂れ乳と垂れチ×チン。そしてデカ腹とそこら中シワだらけの体を見ることになりましたが、「タデ食う虫も好きずき」というとおり、なんの嫌悪感もなく、見たさ、触りたさが先でした。

風呂からあがると、ふたりでバスタオルに身を包み、ベッドへ身を横たえます。

まずはいちばん見たかったオ×コに直行しました。陰毛はかなり少なめで、白髪まじり。オ×コのまわりは薄黒く、中はピンク色です。薄い肉ビラを手で押しひろげて指で触りまくり、舌で舐めまくりました。

和代さんは「だめぇ、だめぇ」の連発でしたが、私には「もっとぉ、もっとぉ」に聞こえました。

「もっと早く、これが元気なときに知り合いたかったわぁ」

帰りまぎわ、私のフニャチンをしごきながら、和代さんがため息まじりに残念がったものです。

しかし、そういいことばかりは続きません。密会が重なっていくにつれ、誰かに見られているように感じたり、カラオケの例会でも、ふたりの仲がみんなの目につくようになってきました。

といって、互いに家庭を壊すつもりはありません。ふたりで真剣に話し合った結果、本当に残念でしたが、今後は親しい友達の範囲でおつき合いしようということになり、今日に至っています。

そして現在の私は、新しい獲物を物色中です。

肉食オヤジの奮戦

――静岡県・無職・六十一歳

俺の名前は太郎《たろう》。いつの間にか還暦を過ぎてしまったという、なんとも情けない中年オヤジだ。昨年春、めでたく定年退職したものの、家族からはうとまれている。息子と娘はすでに結婚し、独り立ちしているので、今いっしょに住んでいるのは三十年前に結婚した配偶者だけだ。

ただし、その配偶者も三十年前は素晴らしいプロポーションを誇り、セックスの相手として大満足の肉体だったが、今は違う。

セックスしなくなって、もう十年以上か。今や、性の対象としては、なんの興味もなくなっている。

では男として、もう一丁あがりになったのかというと、そうではない。しょぼくれ中年だから、もう誰も相手にはしてくれないが、性欲だけはいまだ健全だ。

大学時代の同窓生に豊田《とよだ》という、けだし優れた友人がいる。大手証券の敏腕トレーダーとして鳴らした男で、現在は某財団のファンドマネジャーとして活躍している。

とにかく金には困っておらず、まさに億万長者だ。勤務は月曜日から木曜日だから、金曜日はフリー。

問題があるとするならば、まだ学齢子女を持つというだけ。まだ学費がかかるというわけだ。

だが、億万長者のヤツには、それくらいのことは関係ない。だから、いつも木曜日の夜はキャバクラ、金曜日はゴルフという大名生活をしている。羨ましいかぎりだ。

一方、こちらはどうかというと、億万長者ではない。そんな金はない。しかし、それなりの会社に勤務していたので、退職金は二千万ほど出た。

六十五歳から公的年金もフルに出ると、厚生年金と合わせて二百五十万くらいにはなる計算。

だから、あと五年ほどクリンチしていれば、生活には困らないだろう。むろん、豊田のようにキャバクラに行く金などはないが……。

結婚前までは抜群のバストとヒップを誇示していたつれあいは、もう嫌悪の対象でしかない。もっとも、それはお互いさまだ。

どこかに壇蜜《だんみつ》みたいな女はいないだろうか……そう思って近くのスポーツクラブに出かけても、そんな美熟女などいるわけがない。ヒマと金を持てあました五十すぎのババとジジしかいないのが現実だ。会社帰りのＯＬやら、自由業の熟女、旦那に不満足な主婦など皆無なのである。

では、レッスンのインストラクターに熟女がいるかと思いきや、これまたいない。あまりに健康すぎるお姉さんはいても、お色気たっぷりの壇蜜みたいなインストラクターは、見事なまでにいない。ま、当たり前だが……。

というわけで、会費月一万三千円が無駄なので脱会した。

前述した金持ちの豊田がキャバクラに誘ってくれるのだが、彼とは女性の好みが違う。

彼いわく、

「おい、太郎よ、愛人契約というのを知っているか。一億円を女に投入できるというのであれば、それが可能だぞ。たとえば毎月の愛人費用を三十万円として、エッチの回数は毎週二回と契約する。これで年間三百六十万、十年で三千六百万。な、一億あれば、どんな女でもよりどりみどりだ。できるか?」

なのだそうだが、答えは当然ノーとしか言えない。

退職金の二千万しかないから、たとえ自分の生活費をゼロにしても、愛人契約には届かないのだ。

では、お金で解決するのが不可能だとしたら、なにで解決すればよいのか。つまりしょぼくれオヤジの武器はなにか、ということだ。

答えは明快。有りあまる時間と少しばかりのお金。このふたつしかない。

というわけで、このふたつを活用したオジサン復活計画を立てることにした。

一、少しばかりのお金をひけらかす。

二、自家用車を目いっぱい活用する。

三、肉体改造をして、セックスの力を復活させる。

四、若者とは、ひとあじ異なる経験と教養をひけらかす。

そしてこれは、相手の三十代熟女から見ると、合わせ鏡なのだ。つまり、

一、セックスが上手で満足できる。

二、旦那や恋人より、教養と知性がある。
三、下手に結婚する責任と義務がない。好きなときに別れることが可能。
……あたりか。といって、いきなり壇蜜を求めるのは不可能なので、キャバクラで練習することにした。ちょうど一年前のことだ。

キャバクラの由宇《ゆう》は二十五歳。抜群のスタイルと肌の張りを見せている。独身でOLをしているが、お金には多少困っているので、キャバでバイトしている。

彼氏はいるのだが、どうも不満足みたいだ。話を聞いてみると、いわゆる草食男子で、エッチが弱いというのだ。

由宇はいつもスケスケのドレスを着て現れる。オッパイも谷間はもろ見えというより乳首だけが見えないようなドレスである。

バストは八十八センチ、ウエストは六十センチと、抜群の比率だ。肌もまさにぴちぴち、触るだけで癒される思いがする。

草食彼氏のグチを聞いてやると、しなだれかかってきた。体を支えてやると、張りのあるオッパイの感触まで伝わってくる。

肉食オヤジには、これがたまらない。

「今度、オジサンの友達といっしょに、海行かないか。楽しく遊ぼう。車、出してあげるよ」

ダメ元で誘ってみると、

「いいわよ。私も友達、連れてく」

なんと、即答で良い返事がもらえた。

チャンス到来。肉体改造にも力が入る。とはいえ、海のシーズンまで二カ月しか猶予まない。

まずは素っ裸になって鏡の前に立つ。しょぼくれた肉体。なんとも情けない。それに白髪がいっぱいの頭、ぴちぴちとは真逆の肌、でっぱった腹に尻。体重が九十キロを越しているのだからしかたない。

スマートとは程遠いオヤジ体型が鏡に映っている。自分でも醜いと思う。

そこで食事を変えた。炭水化物はほとんど摂《と》らず、サラダと果物だけ。

すると体重がどんどこ落ちてきて、一カ月ほどで八十五キロまで落ちた。だが、目標は学生時代と同じ七十五キロだ。いちばん体が動く。

毎朝、木刀で素振りを百本こなす。次は片手腕立て伏せを三回だ。

学生時代には苦もなくこなせた。体重を落としながら、筋肉だけがつけていく。

そして二カ月たつと、不思議なことに体つきが変わってきた。逆三角形とまではいかないまでも、突き出ていた腹はもうない。むしろ、筋金入りのオヤジ筋肉がうっすらと浮き出てきたのである。

体重八十キロまで落としていよいよ海水浴だ。

由宇はメイという中国人の女友達を連れてきた。こちらは前田《まえだ》というポン友を伴う。愛車のベンツを駆って、いざ三浦半島《みうらはんとう》へ。いよいよ二対二のデートだ。

由宇とメイは若いだけあって、すごいビキニを出してきた。いわゆるブラジリアンビキニというやつで、上は肩ひもなしの乳首だけが隠れるひもみたいなもの。下は限りなく褌《ふんどし》に近い。

バスト八十八が揺れる。海に入ると、乳首の形までまる見えだ。何十年ぶりかで、俺の錆《さび》大砲がググッと動いた。反応したのだ。

ボートを借りる。四人で乗って磯《いそ》のほうまで漕《こ》ぎ出し、潜水をする。

こちらは経験たっぷりだが、由宇たちは素人同然。抱きついてくると、若い肉をもてあそぶことが健康的にできる。そのうえ、男女の距離が、自然に接近するというものだ。

夕方になると、すっかり打ち解けて、仲よくなった。もう、娘とオジサンなんかではない。仲のよい男女グループなのだ。

「そろそろ、夜飯でも食べようか。いいレストラン知ってるんだ」

すかさず、近くのホテルの飯屋に連れこみ、食事をしている間に部屋を予約する。

これからが昭和の肉食オヤジの本領発揮だ。

まずは「俺は車だからアルコールは飲めないが、おまえらはどんどんやっていいよ。責任持って送るから」と紳士を装う。

単純な由宇たちは、なんとかワインやら、かんとかカクテルなどをどんどん飲みはじめる。

九時頃になって、由宇が言いはじめた。

「今日は遊んで楽しかったぁ……でも、ワイン飲みすぎて、ちょっと休みたい」

チャンス到来だ。

「わかった。ホテルにかけ合って、休憩できるか聞いてきてやる」

じつはもう、宿泊の部屋は確保してあり、キーももらってあるのだ。

いったん席を立ち、しばらくして戻る。

「なんとか、休憩できる部屋をひとつだけ確保したから四人で行こう」

部屋に入ると、由宇たちはベッドで休む。前田と俺はテレビ見たり、トイレで身支度したりして、戦闘に備える。

十一時くらいになって「太郎ちゃん、そろそろ帰るわ」と言いはじめた。

当然、今度はこちらが駄々をこねる番だ。

「年寄りだから眠くなった。少しだけ眠るから待ってくれ」

「ねえ、太郎ちゃんたち、そうとう疲れたみたいだよ。少し待ってあげよう。でも、このオジサンたちは紳士だね。あたしたちのビキニみて興奮したみたいだけど、じっと我慢してたよ。かわいいね」

全部聞こえているが、狸寝入《たぬき》りだ。

「あたしたちの世代には、こういうキャラっていないよね。みんな草食かオタクで刺激ないんだよね。だから、エッチする気も起きないけど。でも、このオジサンたちはきっとエッチも上手なんだろうな」

ガバッと跳ね起き、

「なんか言ってた？」

と、そらとぼけて訊《き》く。

由宇はあわてて退き、もじもじしている。

「でも、由宇のビキニはすごかったな。バブルの時代は、みんなああいう恰好《かっこう》して台の上で踊ってたんだよ。最後にワルツでも踊るかい？」

などと言って、巧みにＢＧＭをかける。

手を差し伸べると、踊ったことのない由宇がおずおずと手を握ってきたので、紳士的にワルツを教えてやる。こんなのは三ステップしかないので、誰でもできる。狙いは肌の接触だ。

わざとつまずいて、いっしょに転ぶ。八十八センチバストの真上に接触だ。

由宇の顔がすぐ目の前にある。目をつむっている。これは女のサインで、キスしたいということだ。

紳士的に唇を重ねると、由宇は敏感に反応し、積極的に舌をからめてきた。

「おい、由宇……んむ……」

などと言いながらも、ワンピースを脱がせ、ブラジャーを剝ぎ取って、唇で乳首を挟む。ピンク色の乳首がだんだん屹立《きつりつ》してくる。

そろそろ頃合だ。

「おまえもメイとがんばれ」

と、前田に目で合図を送ったら、あとは自分のことだけで精いっぱい。ボトムズを脱がせ、長い脚とお尻を剝《む》き出す。残るはパンティーだけ。

「ふぅ、由宇、いけないいよ。我慢できなくなるから帰ろう。こんな露出を見たら、我慢できないぜ」

「太郎ちゃん、やってもいいよ」

待ってました。これは両者合意のうえのエッチであって、買春ではない。投入したお金は三浦半島までのガソリン代と高速代、そして食事代だけで、いわゆるエッチ代金はない。あくまで合意のセックスだ。

パンティーを剝ぎ取り、若い草むらに顔を埋《うず》める。これからが肉食オヤジの実力発揮だ。たっぷり一時間ほど草むらで遊ぶと、由宇は大声をあげて泣き出す。

でも、やめない。次は乳首、そしてお尻だ。

隅から隅まで舐めまわす。もう喘ぎ声しか聞こえない。つまり三時間ほど舐めまくるわけだ。

「入れて、入れて、お願いだから入れてぇ！」

と、絶叫が聞こえる。

紳士なので、用意しておいたコンドームを取り出して装着。一気にズブリと突き刺し、目いっぱい腰を使いまくる。突く、そしてまた抜く。刺す、抜く、刺す、抜く。それからもういちど舐めまわす。

途中で前田のことが気になり、目をやると、向こうのベッドでがんばっている様子だ。もう夜中を過ぎているが、まだ発射はしない。哀しいかな、一回でも発射するとそれっきりだからだ。

頃はよし。生の女壺をたっぷり味わった巨砲からコンドームをはずし、由宇の口もとへ持っていく。今度の壺は由宇の口内だ。一気に果てる。由宇が飲みこむ。

ああ、極上の気分だ。

翌朝、女たちを送ってやって別れる。極上のディープキスつきの男女の別れだ。

一部始終を豊田に報告すると、

「太郎、えらい。よくやった。これで愛人一号はできたな、おめでとう。由宇ちゃんは間違いなく安あがりの愛人一号だよ」

と褒めてもらった。

これが一号……けっこう簡単だったな。よし、次は二号を探してみるか。

青春苦闘編

埼玉県・会社役員・六十八歳

はるか昔、田舎の高校三年男子は性欲のかたまりだった。そのうえ、大学受験のイライラまで加わる。

特につらいのが夏休み。思うように勉強できずに焦った。日中は炎暑とセミの騒音と性欲が溶けこんで、脱力感とモヤモヤに襲われるからである。

そんな酷暑のある日、悪友の道夫《みちお》と武志《たけし》とで、初体験の実現方法に熱中した。

ただ、三人とも不細工で頭も悪いから、同級生の女子は相手にしてくれない。おまけにカネもないから、風俗にもいけない。

そこで、当然のことながら、無料でやらせてくれる奇特な女性探しになる。

議論のすえ、隣村の人妻、智子《ともこ》さんに目星をつけた。三十二歳、子供なし。中肉中背、愛嬌《あいきょう》のある丸顔だ。

そして夫には愛人がいるらしく、二年前から別居中である。つまり、長年の空閨《くうけい》で飢えているはず、という単純な発想だった。

とはいえ、智子さんが我々をまともに相手にしてくれるわけがない。そこで考えついたのが、智子さんちの水田の雑草取りだ。

水田の広さは二反（六百坪）ほどあって、その炎暑下の草取りは智子さんひとりでは過酷すぎる。それで、近所の男衆を雇っていたが、その出費はもったいないはずだ。つまり、我々が無料で草取りをする代わりに、無料でセックスさせてもらおうという作戦だ。

これなら成功するはずと、ワクワクしながら夜を待って交渉に出かけた。

ま、こんな発想をし、すぐに実行に移す我々三人は本物のアホであろう。

出迎えた智子さんは、昔の田舎のおばさんの定番である白いシミーズにズロース姿。当時はブラジャーなんか着けていないのが普通。乳房が盛りあがって、茶色の乳首が透けて見えている。

おかげで三人とも瞬時に勃起。智子さんはそんな股間を見て笑った。

「悪ガキ三人が、なんの用や？」

道夫と武志にせっつかれ、俺が両手をついて頼んだ。

「俺たち三人が無料で草取りしますから……オ×コさせてください」

智子さんは一瞬驚いた顔を見せたが、すぐに意味を理解して大笑いをした。

「ガキや思うてたけど、もう十八か……そやなぁ、昔やったら、もう一人前の男やもんな……」

言いながら、智子さんは思案顔をした。無料の草取りと、無料のオ×コとの損得勘定が頭の中でグルグルまわっているようだ。

「お願いします」

三人いっしょに頭を下げた。

「まあ、しても減るもんやないし……草取りしてもらうほうがええかな」

智子さんがこちらを見て、ニッと笑った。

「やった、ありがとうございます」

俺たちはその場で万歳三唱。それを見た智子さんは大笑いした。

とはいえ、翌日からが大変だった。炎暑下、泥土に足を取られながらの草取りはまさに苦役なのである。

智子さんはご近所に、今年は学生さんを雇いましたと、ちゃっかり嘘をついていた。

その日の仕事が終ると、三人はいったん帰宅してから智子さん宅に集まった。

もちろんだが、三人とも卑猥な妄想で脳ミソの中がふくれあがっている。

「三人いっしょに相手するのは無理やさかい、ひとりずつお風呂においで」

トップバッターは道夫で、勃起した股間を押さえながら智子さんとお風呂に入った。

そしてどういうわけか、智子さんは俺と武志ののぞき見を許した。

まず智子さんが道夫を全裸に剝《む》いてから、自ら全裸になった。顔から肩までは日焼けしていたが、その下の肌は白くてむっちりと脂肪がのっていた。

そして大きな乳房と乳首。股間はグワッと真っ黒な密林に覆われている。

夫と別居中の農婦としては、陰毛を整える必要も発想もないのだろう。

肛門のほうまでびっしりとはびこった陰毛に、俺はなぜか大感激。以来、俺の生涯にわたる巨乳と剛陰毛好きが始まったのだが、それはまた別の話。

ふたりは風呂イスに座り、智子さんが道夫にお湯をかけた。

道夫の正面に憧れの乳房が揺れている。

「おっぱい、触ってもええよ」

智子さんが胸を突き出して誘った。

「は、はいっ」

道夫は大喜び。両手でふたつの乳房をつかんだ。

「痛いっ。アホッ、痛いがな」

「すみません」

慌ててそっと握り直す。

智子さんは妙に冷静で、両手に石鹼を泡立たせて道夫の勃起を握った。

「うわっ、あっぁ」

道夫の腰が上に伸び、上体を反らして目を閉じる。

「なんや、皮、かむってるで……」

悩みの包茎を指摘され、道夫は真っ赤になった。

「皮、めくってきれいにするよ」

「はいっ」

智子さんがグイッと包皮をめくった。

「いっ、痛いっ」

椅子から飛びあがった。

「やっぱり垢がいっぱいやな、掃除するで」

お湯で恥垢《ちこう》を洗い流し、剝き出しになった亀頭に石鹸を泡立たせた。

「いいぃっ」

男の情けない悲鳴だ。

智子さんは手のひらをまるくして亀頭を包み、円を描いてスリスリした。

「あ、あ、出ますっ」

とたんに道夫が悲鳴をあげた。グッ、グッ、グッと三回、腰を突き出して勢いよく射精し、体をブルブルッと震わせる。

智子さんは撃ち出された精液を手のひらで受け止め、無表情でにおいを嗅いだ。

「はあ」

道夫と、のぞいていた俺と武志が同時にため息をついた。

智子さんはお湯で道夫の全身を流した。

「気持ちようて、満足したやろ。文句はないはずや。今日はこれで帰りな」

道夫は思わず「はいっ」と返事すると、服を着て恥ずかしそうに帰っていった。

次は武志の番である。焦って全裸になり、智子さんの前に座った。

「お願いします」

興奮で顔は真っ赤。勃起がギュンッギュンッと上下している。

「おっぱい、触ってもええよ。それともこっちがいいのかな」

智子さんが太股《ふともも》を開き、真っ黒に生い茂った陰毛を見せた。

武志は瞬速で陰毛を手のひらで撫で、その下の膣口あたりを探った。

「アホ、そこはもっと丁寧に触れ」

「あ、すみません、すみません」

ぺこぺこと何度も頭を下げる。

「おっぱい、触ってもええんよ」

「はいっ」

武志が両手を伸ばしてふたつのふくらみを揉んだ。もう必死の形相で、乳房の肉の感触を確かめている。

しかし智子さんはすぐに胸を引き、武志の勃起に石鹼を塗りはじめた。

「なんや、あんたも皮かぶってるがな。剝いて掃除するで」

「はいっ、お願いします」

智子さんが包皮をそっと剝いた。

「ほら、垢がいっぱいや」

恥垢をお湯で流すと、ピンクの亀頭が恥ずかしそうに現れた。

「ここはどんな男の子でも、きれいやな。あっ、おっぱい揉むの、忘れてるで」

「あ、はいっ」

武志がふたたび乳房を揉みはじめる。

智子さんはまた冷静に、手のひらで亀頭をまるく包んでスリスリした。

「あぁっ、出る、出る」

早すぎる射精はもったいないので、なんとか我慢しようとしたようだが無駄だった。

「気持ちいい。で、出るっ」

武志は腰をビクビクッとさせて射精した。ふたたび大量の精液が智子さんの手のひらに収まる。

「気持ちよくて、満足したやろ」

言いながら、智子さんは武志の股間をお湯で流した。

「気持ちよかったです、もう、最高です」

武志がまた乳房を触ろうとしたが、智子さんはそれをうまく避けた。

「もう遅いさかいに、このまま帰りな」

「えっ、あっ、はい、ありがとうございました」

武志も服を着て、急いで帰った。

ずっとのぞいていた俺は、智子さんにセックスさせる気がないとわかった。乳房を揉ませ、陰毛を見せて、興奮させてから亀頭のスリスリだけで射精させたのだ。包皮を剝かれたばかりの亀頭は、ちょっとの刺激だけでも射精する。つまり、過酷な草取りだけをさせておいて、挿入させずにごまかそうとしているのである。

俺は内心激怒して、智子さんの術中にはまらないよう決心した。

「あんたが最後やな。こっちへおいで」

「はい」

俺も全裸になって椅子に座り、智子さんの目の前に勃起をさらした。

包茎ではない大きなチ×ポが天井を向いたままユラユラと揺れている。

智子さんは両手を石鹸でヌルヌルにして、まじかに勃起を見た。

「えっ……あっ、大っきい」

思わず両手で勃起を握ったが、そのまま固まった。

「嘘っ……硬いし、大っきい」

俺は自己主張のつもりで、勃起をわざとビクッビクッと動かした。

「元気やなぁ」

びっくりが終わると、智子さんは思い出したように棹《さお》をスリスリしはじめた。

しかし俺は、手コキだけで射精するつもりはなかった。それに、ここに来る前に、自宅で二回抜いてきていたから我慢できる。

智子さんは改めて亀頭へのまるいスリスリを始めた。

快感でギクッとしたが、俺は肛門をギュッと締めて我慢する。

智子さんは上目遣いで、おかしいなという表情をした。

「そうや、おっぱい、触ってもいいよ」

「あ、はい」

乳房はまんじゅう形で推定八十五センチ、少し硬くてつやつやしていた。

おっぱいが大好きだから、もう遠慮なく裾から乳首まで揉みまくる。

クニュックニュッという感触……至福とはこのことだ。

「あぁっ」

快感で智子さんのあごが上がった。

俺はエロ本の記事を思い出し、親指と中指の爪で乳首をこすった。

「い、いいぃぃぃぃっ」

智子さんの上体が反り、腕にゾワッと鳥肌が立った。

智子さんの反応がうれしくて、さらにふたつの乳首をこすりたてる。

「あぁぁぁ……あぁっ」

智子さんが猫背になった。たまらず、俺は口を突き出して乳首を舐める。

「ああぁぁぁ……」

上体を震わせ、俺の首に両腕をまわしてきた。

わけのわからん激情がグワッと湧いてきて、俺は智子さんを押し倒した。体重をかけてブチュッとキスし、ふたつの乳首をめちゃくちゃに舐めたてる。

「あ、あかん、もっとやさしうしてぇな」

「はい」

智子さんがブチュッとキスしてきた。舌と舌をからませ、互いの唾を飲み合う。舌の上面のザラザラ感と、下面のやわらかいニチャニチャ粘膜がたまらなかった。

俺の胸で大きな乳房が潰れて乳首が当たり、むずがゆかった。

ここで、急に智子さんが冷静になった。

「……あんた、ほんまに初めてか」

「はい、初めてです」

「そうかぁ……」

どうやらここで、俺に挿入させるかどうかを迷ったみたいである。

俺は拒否されたら大変だから、慌てて勃起を膣あたりに突っこんだ。しかし童貞の哀しさ、うまく入っていかない。頭に血が逆流し、顔が赤く熱くなって心臓がドキドキした。

「ちょっと落ち着いて。おばちゃんが全部やってあげるさかいに」

最後までやらせてくれる、入れさせてくれると安心してうれしくなった。

「もうちょっと体を触ってほしかったけど、ま、私も欲しうなったさかいに。じっとしててや」

智子さんは下から勃起を握って股間に引きつけ、亀頭の先っぽを膣穴にあてがった。

俺の喉は渇き、心臓は破裂寸前である。

「そのまま押し出して。そっとやで」

もうなにも考えず、エイヤッと腰を突き出すと、ニュルンと勃起の根元まで入った。

「うぅぅっ、大っきい、やっぱり大きい」

智子さんの、本当に実感したというあえぎ声だ。

膣の中の勃起は、水気の多いヒダ肉に包まれた。

ただ、ちょっとエロ本どおりではなく、ゆるい締まりだと思った。

「じっとしてないで、動いてよ」

「はい」

だが、動くとすぐに射精するのがわかっていたから、動くに動けない。

「早よう動いて」

「はいっ」

もう、しかたがない。半分ヤケでピストンした。

「ああっ、きた、いい、ええで」

智子さんが喜んでくれたが、ほんの五、六回抜き差ししただけで射精してしまった。精液がドッドッと尿道口から噴出してゆく。快感と驚きとうれしさが混じり合って、自慰より何倍もの快感を味わった。

これで童貞卒業したとうれしくなったが、智子さんには不満だったようだ。

「なんや、もう出したんかいな、アホ。もっと気ばらんかいな」

「すみません」

「でも、精液の量だけは多いな……まあ、初めだからしゃあないか」

智子さんの膣口から精液があふれ出ている。

俺は自分の精液がオ×コから出てきたのに興奮し、瞬時に勃起した。

「ええっ、もう勃《た》ったんかいな。やっぱり若いな」

俺は、もう一回できることに狂喜し、今度は早漏しないと決心した。

「今度は我慢せなあかんで」

騎乗位になり、智子さんが俺の勃起を握った。亀頭を膣口にあてがい、腰を落とした。スニュッと根元まで呑みこまれてゆく。

「うぅっ、入った。奥に当たってる。よし、動くで。早く出したらあかんで」

「はいっ」

ゆっくりのピストンで、出し入れのストロークが長くなった。しかし、また一分と持たずに射精。

またもや叱られたが、俺の回復力のすごさに気づいていたから、焦らず次に突入した。そして、そこで智子さんにやっと天国が訪れた。

俺が水を飲もうと智子さんから離れたときだった。突然、道夫と武志がドドッと風呂場になだれこんできた。いつの間にか戻ってきていて、俺たちの行為をのぞいていたようだ。ふたりのチ×ポは狂乱というくらいに勃起している。

ふたり同時に奇声をあげて智子さんにしがみついたが、道夫のほうが一瞬早く挿入した。

入れそこなった武志は智子さんの全身にキスをしまくり。乳首を食いちぎらんばかりの興奮状態である。

ほんの十秒のピストンで射精した道夫に代わり、武志が勃起をぶちこんだが、その瞬間に射精した。またまた俺が乗りかかってゆく。

こうして三人の半狂乱の挿入と射精は延々と明け方まで続いた。

智子さんは風呂場の床に大の字になったまま動けず、パックリと開いた膣口からは俺たち三人分の精液がドロドロと溢れつづけていた。

そのあとも三人で水田の手助けをしては、セックスのお返しに歓喜した。

だが、そんな関係も、智子さんのご主人が妻の不倫疑惑を耳にし、戻ってきたので幕を閉じたのだった。

淫らな女に育てる

滋賀県・自営業・六十八歳

オレが中国に単身赴任していたのは、香港がイギリスから中国に返還された、一九九七年の頃。今から二十三年前のことだ。

日本ではバブルがはじけ、企業は生き残りをかけてローコストで製品を作ろうと、こぞって海外に生産拠点を移していた時期でもある。

今でもはっきり覚えている。あの年の七月一日は、朝からひどい土砂降りだった。

工場の日本人同僚たちは、世紀のセレモニーを見ようと、みんな香港に出向いていていたが、そんなことにまったく関心のなかったオレは、広東《かんとん》省のアパートで、寝転んでテレビを見ていた。画面には、降りしきる雨のなか、人民解放軍の車列が進む様子が映し出されていた。

オレの傍らには全裸の女性が寝そべって、やはりテレビを見ていた。昨夜、近くのホテルのカラオケルームから連れ帰った小姐《シャオジエ》（娘）だ。名は李麗珍《リライチャン》。年齢は二十三歳、湖南《こなん》省の出身だと聞かされていた。

小作りな顔だちだが、つぶらな瞳、感受性の強そうな鼻筋、どこかまだ幼さを感じさせる唇……ふと、男なら触れてみたくなる欲望を感じさせる容貌だった。

そして引きしまった肢体、胸の隆起とゆるやかにカーブを描くヒップ、細くて長い脚……と、男のスケベ心をくすぐるものを備えていた。

そんな麗珍と初めて顔を合わせたとたん、オレはひとめ惚れしてしまったのだ。

オレが駐在していた工場では、日本に輸出される携帯電話の電子部品を製造していた。工員は三百人ほど。みんな、四川《しせん》省や湖南省からの出稼ぎ者で、五人の日本人駐在員が指導監督に当たっていた。

ただ治安が悪いうえに、これといった娯楽もない。唯一のストレス発散と言えば、カラオケで騒ぐくらいなものだった。

ホテル一階のレストランで食事したあと、二階のカラオケルームに移る。同僚と部屋で待っていると、ここを仕切っているチーママが、数人の小姐を連れて入ってくる。

「この娘は、昨日田舎から出てきたばかり。とても新鮮ですよ」

人間に新鮮という表現が正しいかどうかは別にして、チーママの調子がよい売りこみに乗せられ、その夜のホステスを選ぶことになる。

カラオケルームには日本のヒット曲も用意してあった。大声で歌って日頃のウサを晴らすと、午前○時頃にお開きになる。そしてその頃には、ホステスとの間に、男と女の密約が結ばれているという次第である。

なるほど、田舎から出てきたばかりというのは、本当だな……。

オレの傍らでテレビを見ている李麗珍を見ながら、オレはそう思いはじめていた。

というのは、彼女との一夜が、期待はずれに終わったからだ。なにが不満だったかというと、スケベ度が足りなかったのである。

昨夜はふたりで素っ裸になってベッドに横たわったまではよかった。

オレは先にベッドに上がり、服を脱ぐ彼女のうしろ姿を眺めていた。

李麗珍がブラウスを脱ぎ、うしろ手にブラジャーのホックをはずし、それがハラリと床に落とされると、ぬめるような潤いをたたえた背中が露《あらわ》になった。

さらに恥ずかしそうにスカートを脱ぐと、思わず生唾を飲みこみたくなる艶《なま》めかしい尻がまる見えになる。パンティーは真紅で、しかもスケスケだった。豊かな双丘の割れ目までもが、くっきりと見えている。

「こっちを向いてよ」

李麗珍はパンティーを脱ぎ捨てると、リクエストに応えて私のほうを向いた。

みずみずしい肢体が近寄ってきた。まろやかな乳房、むっちりと引きしまった腰、煙るような淡い茂み……しなやかで、まばゆいばかりの美しいヌードに、オレは大満足だった。

彼女がオレの隣におずおずと身を横たえる。

オレは彼女の顔をぐいと引きよせて、唇を合わせた。少しずつ舌先を出し、李麗珍の唇を開きにかかった。

彼女もオレの要求に応えて、舌をからませてくるはずだった。だが、受け入れられるどころか、しばらくすると顔をそむけられてしまった。それでもひるまずに、次に乳房を攻める。水蜜桃のように形よくふくらんだ乳房を手のひらに包みこみ、揉みしだく。ピンクの乳首が次第に硬くとがってくるのがわかる。

「愛してるよ」

耳もとで囁《ささや》くと、胸の隆起にむしゃぶりついた。

乳房の谷間に顔を埋《うず》めると昔に嗅いだ乳の匂いのような、懐かしい体臭がムンと鼻腔を満たす。ふくらみごと口いっぱいに頬張り、とがった乳首を赤ん坊のように舐めまわし、吸いつくす。

「ああ……ああ……」

さすがに耐えきれなくなったのか、麗珍が熱い吐息を漏らし、悩ましげに肢体をくねらせる。

彼女の反応に気をよくして、アソコのふくらみに指を伸ばそうとすると、突然、その手を押さえられた。

「ダメ！」

「どうして……」

まさかの拒絶にあい、オレは困惑した。

「これ以上続けられたら、私、おかしくなってしまうから……」

それこそが、オレが望んでたことなんだよ。乱れるおまえを、この目に焼きつけたいんだ……。

そう言いたかったが、彼女の強いまなざしに、ひるんでしまった。いざというとき、押しの利かないダメなオレ。

ま、いいか。今夜限りというわけでもないし……。

オレはベッドの上に起きあがると、麗珍の両足を持って引きよせた。

そのまま肩に担ぐと、当然のことながら彼女の愛らしいヘアが目の前に突き出され、その下には神聖な花弁が息づいていた。

ピタリと狙いをつけて、ぐいと腰を送りこんだ。オレのアレがずぶりと麗珍のアソコに呑みこまれてゆく。

ゆっくりと腰を使いはじめると、麗珍は双乳を弾ませてオレにしがみついてきた。

「いっ……いいっ」

彼女の喘ぎが高くなる。

だが、そのヨガリ声を聞きながら、オレの五感はかすかな違和感を感じ取っていた。彼女の反応があまりにも早く、かつオーバーすぎるからである。

なにか違うな……。

素直にのめりこめない自分を感じながらも、しばらく抜き差しを繰り返したあと、オレはともかく熱い精液を彼女のアソコにぶちまけたのだった。

男として最終目的を達したのだから満足すべきなのだろうが、どこかで肩すかしを食らったような、または不完全燃焼だったような、そんな微妙な皮膚感覚だけが残った。

オレを早くイカせようと、あえて過剰な反応をしたのではないか……という疑いがどうしてもぬぐえなかったからだ。

オレは嫌われているのかな、とも思ったが、セックスのあと、

「愛してる」

と囁くと、彼女もまっすぐオレの顔を見あげて、同じ言葉を返してくれた。

惚れた女の、あの言葉は信じてみたかった。

あれこれ考えた末に、彼女はまだ男性経験が不足しているのだと、オレは結論づけるよりしかたなかった。

「絶唱《ぜつしょう》」という昭和時代の古い映画がある。戦前の封建的な山村を舞台に、いろいろな障害を乗り越えて愛を貫き通そうとする、地主の息子と使用人の娘との、悲しい恋の物語である。

彼女がオレのアパートに来た日、たまたまテレビでこの日本映画が放映されていた。

オレには中国語のセリフがわからないし、早く抱きたかったので、テレビを消したかったが、彼女がどうしても消させてくれない。

オレはあきらめて煙草《たばこ》を吸っていたが、ふと見ると、食い入るように画面を見つめている彼女の目に、涙が浮かんでいる。

映画に涙するほど感受性の強い、やさしい娘なんだなと、オレは素直に感動し、あらためて惚れなおした。

そんな娘ならば、男のどんな理不尽な要求でも、やさしく受け入れてくれるに違いない。

そう思いこんだのだが、とんだ勘違いだったとすぐにわかった。

李麗珍に初めて会ったときから、オレが熱望していることがひとつあった。

それは彼女のかわいい口で、オレのアレをしゃぶってもらうこと。そうなったら、どんなにいいだろうと、オレは夢にまで見ていた。

何度か彼女とベッドをともにし、互いの肉体になじんできたころ、もういいだろうと思って、オレは彼女の口もとにチ×ポを持っていった。

やさしく咥えてくれると思ったのに、いきなりチ×ポにピシャッとビンタをくらい、オレは目を白黒させてしまった。

「そんな汚いものを口に入れるなんてイヤ！」

さすがに温厚なオレも、その瞬間はカッとなった。

男の切なる願いを聞き届けてくれない冷たい女なんて、ほかの小姐だったらそれっきりにするところだが、李麗珍には惚れた弱みで、しばらく辛抱することにした。

彼女がフェラを拒絶したり、いまひとつ燃えあがらないのは、やはりひとえに経験不足から来るものに違いない。

どうにかしなければ……。

オレは改めてそう思った。

共産主義の中国に性教育映画があるなんて、オレは思っても見なかった。しかし、あちこちの街角にポスターが貼ってあったので、好奇心に駆られて李麗珍とふたりで映画館に向かった。

余談になるが、会議などで用いられるビデオプロジェクターでドラマをスクリーンに投射して見せている小屋が、中国にはある。中国人の貪欲な発想には、感心させられる。当時、こういう小屋の入場料は一元（十五円）。映画館は二・五元だった。

性教育の映画は、入場料が高いにもかかわらず、超満員の盛況だった。

映画の内容は、中国政府が監修したのではないかと思われるほど、きわめて真面目。オナニーのやりかた、ペッティング、男と女の性器の構造、体位、避妊、性病の恐ろしさに至るまで、インサートこそないものの、すごく啓蒙《けいもう》的だった。

性教育映画なんだから当たり前だと言えばそれまでだが、男のアレと女のアソコがバッチリ映っていたので驚いた。日本では、ヘアさえ解禁されていないのだから、中国は進んでいる、と思った。

隣で、李麗珍が口もきかずにスクリーンを見つめているのが、気配でわかった。

男と女が交わるということがどういうことか、この映画に感化されて、もっとセクシーな女に生まれ変わってくれることを、オレは切に願った。

映画が終わって照明がついたとき、周囲がうちの工場のアベックだらけだったのには、バツの悪い思いがした。

まあ、お互いさまだろうけれど。

そのころ、韓国製のＶＣＤを買った。これはＤＶＤと違って、再生専用の機器である。なぜこれを買ったかというと、李麗珍とのセックスの前に、裏ビデオで刺激が欲しかったからだ。オレ流の、性教育の一環である。いろいろな性行為を見て勉強することで、オレ好みの、もっと淫らな女に育ってもらいたかった。

当時は電気街に行って十元（百五十円）も出せば、裏のアダルトソフトがいくらでも買えた。ただし日本のものは手に入らず、アメリカ製がほとんどだった。

このアメリカのものは、田舎から出てきたばかりの彼女には、いささか刺激が強かったらしい。

初めて見せたポルノは、白人の男女がからむ、かなりハードなものだった。鋼鉄を思わせる、男の太いアレが、女のアソコにふかぶかとめりこんでいき、男が激しく突きたてるたびに、女は「イエス、イエス」と、狂ったように裸身を揺すり、獣じみた呻《うめ》きをあげる。

やがて男は、エクスタシーに達すると無造作にそれを引き抜き、女の顔面に持って行く。指でしごくと、勢いよく熱いほとばしりが噴出し、女の顔はたちまち白い粘液にまみれる。すると女は、男のチ×ポを指でつまんで、いとおしそうに口でお掃除を始める。

「もう、やめて！」

画面を見ていた李麗珍が、悲鳴をあげた。さすがに、それ以上見ていられなくなったのだ。いきなり立ちあがると、テレビのスイッチを切ってしまった。

「これから、いいところだったのに……」

「こんなこと、私にはできないよ」

「別に、君にやってもらいたいとは思ってないよ」

「ウソ。本当はやってほしいくせに」

ときどき、「羞死了（死にたくなるほど恥ずかしい）」とつぶやきながら顔を赤らめ、それでも画面にくぎづけになっている彼女の様子を観察していると、なんだかんだ言っても、淫らな女に育てるというオレのたくらみは、不可能ではないと思えるようになった。

それからもオレは、ＳＭっぽいものや、大人のオモチャを使うやつとかを、必ずセックスの前に見せ、男女の交わりの多様性を教えることで、彼女の警戒心を解きほぐそうとしていった。

しかし、カラオケ店で働く彼女は、ほかの男とつきあうこともある。

彼女は携帯電話を持っていなかったので、次に会う予定は、前もって決めていたのだが、その約束の日、待っても彼女が来ないときがある。彼女の仕事がら、しかたのないことだったが、オレは見ず知らずの男に嫉妬した。

彼女の男性経験の少なさをぼやいていたはずなのに、オレ以外のところで経験が増えるのは耐えきれなかった。

オレは一カ月に一度ほど、香港に出向く。近所に日本の食材を売っている店がないので買い出しのためだ。そのついでに、男のアレそっくりのバイブを仕入れた。

しかし、使うタイミングが難しかった。裏ビデオで教育した成果もあって、セックスの多様性については彼女もわかってきているはずである。

だが、気性が激しいので、バイブを見せたとたん、ひと悶着《もんちゃく》あるのは、覚悟しなければならなかった。

ある晩、オレはベッドの枕の下にバイブを忍ばせておいた。

彼女がアパートに来たのは九時頃。部屋の中に招き入れて強く抱きしめ、熱いキスを交わした。

バスタブの中でいちゃついたあと、ベッドに横たわる。

ふだんは枕もとの明かりをつけたまま抱くのだが、このときはわざと消した。彼女は不思議に思わなかったらしい。雰囲気が変わり、新鮮さを感じたのかもしれない。

いつものように彼女の唇を吸い、乳房に舌を這わせ、乳首を転がす。彼女が悩ましい吐息を漏らす。

オレの指先は彼女の秘部に伸び、かきまわす。彼女はもはや拒まない。そこはすでに潤っている。

オレは徐々に体をずらし、下腹部に舌を這わせた。そこは、次の行動を、熱い期待で待ち望んでいる。

彼女の両脚を開く。そこで、枕の下からバイブを取り出し、スイッチを入れた。

異様な気配を感じ取り、李麗珍の動きが止まった。

間髪をいれず、オレは最も敏感な部分にバイブの先端をあてがった。機械じかけのように、彼女の腰が跳ねる。

「なっ、なにをしたのよ!」

「黙って。すぐに気持ちよくなるよ」

初めての感覚に驚いた李麗珍は激しく怒り、必死で逃れようともがいた。オレの背中をめちゃくちゃにたたいて抵抗する。

オレはそれをものともせず、太ももを抱えこみ、さらにバイブの振動を送りつづけた。愛液でビチャビチャになってくると、最強の刺激を、アレの中に送りこんだ。

「いやっ。あんたなんか、大嫌いよ！」

李麗珍の暴れかたがさらに激しくなった。時には押し出されそうになるが、オレは必死にふんばった。時間がたつにつれて、次第に抵抗が弱まり、彼女から甘いすすり泣きが漏れはじめた。

そして三カ月ほどもたつと、性の特訓が功を奏し、

「今夜は、シックスナインというのをやってみたい」

などとねだる、淫らな女へと変貌していたのだった。

おばちゃんの哲学

兵庫県・会社役員・六十五歳

いつものホテルで、いつものように房子《ふさこ》さんを喜ばせていた。

スケベ度では人後に落ちない私だが、加齢とともに体力と珍力の低下は否めない。射精のタイミングがずれて快感が小さいこともある。

以前なら、射精時には通天閣《つうてんかく》のてっぺんから落下するような浮遊感を味わえたのに、最近では踏み台から飛び降りる程度。浮遊感を味わう前に着地している。山が低いと感じることが多くなった。

スケベな私とセックスを楽しむ房子さんは五十歳の人妻。私よりも十五歳も若く、美しい女だ。

その日も房子さんを電気マッサージ器で鳴かせていた。

「アカン、だめっ、もうやめてぇ、いやぁ」

大きな声で電マから逃れようとするのだが、電マを離すと怒る。

「ああん、もぉ、エエとこやのにぃ」

「そうかそうか」

ふたたび電マをクリトリスに押し当てる。

「ああ、やめてぇ、アカン、アカンって」

素直じゃないので、スイッチを切った。

「んもぉ、なにすんの。イキそうやのにぃ、もうエエ加減にしいや」

「よっしゃ、こうか？」

スイッチを入れて「強」にし、押し当てた。

「うわっ、イク、イクで、イックぅっ」

断末魔の声と同時に両脚を閉じて、横を向いてしまった。

「アカン、アカン、ホンマにもうやめて」

「ここでやめたら、敬遠みたいなもんやろ」

「いややん、もう」

無視して脚をひろげると、素直に応じて仰向けになった。じつは、房子さんはいやがるそぶりをしながら、ダメ押しの快感を待っているのである。痺《しび》れて敏感になっているクリトリスに再度電マを当てると、狂ったようにイキつづける。こそばゆくてつらいらしいが、それを我慢するとさっきより大きな絶頂が何度もやってくることを経験で知っているのだ。

「んぐっ、うぅ、あわわ、んぐっ」

言葉にならず、ひたすら快感を追いかけ、快感を待ち受け、もぎ取っている。

「うう、うう、んぎゃあ、出る、出る、出ちゃうぅ」

火山が大噴火するような絶叫と同時に、まるく開いた尿道口から尿が噴き出した。その尿を電マが派手な音で撒《ま》き散らし、あたりがびしょ濡れになる。

「あっ、はぁ」

電マから解放してやると、房子さんは大きく息を吐き、視線も定まらぬまま爪先から頭までピクピクと痙攣《けいれん》させた。

交際を始めた頃は、こんな責め甲斐のある女性だとは思っていなかったので、私としては驚くやら、うれしいやら。

大阪のおばちゃんを自認する房子さんは、他人の話を絶対聞かないし、自分が王道を歩んでいると信じて疑わない。そのうえ、都合の悪いことは逆ギレし、撃退しようとするから、辟易《へきえき》するところもある。

そんな手ごわい女性ゆえに、旦那以外の男もセックスも無縁だったのだ。

「おばちゃんにも、エエとこあんねんで」

そう、本人がのたまうとおり、確かに憎めないかわいさもある。

「厚かましいって思われてるけど、ホンマはやさしいねん」

そういえば、エスカレーターの前で友達同士のおばちゃんたちが譲り合う姿をよく見かける。

ただ、譲り合いの儀式が長く、うしろの人が迷惑することもあるが、行為そのものはやさしい証《あかし》かもしれないと思ったのだが……。

「いやいや、それは違うねん」

エスカレーターに限らず、おばちゃんたちの譲り合いは相手ファーストではないらしい。

「連れを先に乗せて大丈夫やったら、自分も乗るねん」

「ええっ。毒見やったんか、あれは」

「なんぼ友達でも、自分が怪我するのはいややもん」

「どこがやさしいねん！」

ファミレスに行ったときには、おいしいものを取り分けて勧める。

「それこそ毒見させてるんやろ」

「いや、あれは親切心や」

「ただのお節介やろ、それ」

「お節介イコール親切や」

私としてはお節介イコール迷惑だと思うのだが、房子さんは相手が迷惑かどうかは知ったことではないらしい。

「エッチするときでも、親切やろ」

「どんな親切？」

「あんたのしたいようにさせてるやん」

「……させてる？」

「精液、口で受けて飲んでるし、お尻にも入れさせてやってるやん」

させてもらっているのではなく、してやってるつもりなのだが。

「あんたの好きなレオタードもセーラー服も着たってるやん」

ぐうの音《ね》も出ず、うなずくしかなかった。

「ほかにも、飴ちゃんやらミカンをあげるし」

親切のつもりだろうが、ミカンをもらっても迷惑だということに気がついてないだけだろう。しかし、かわいいところもある。おばちゃんはずうずうしい反面、恥ずかしがり屋でベッドでは隠語が言えない。これは意外だった。

「それが、おばちゃん哲学やん」

房子さんはニッと笑った。

なるほど。おばちゃんに哲学があるとは知らなかった。

房子さんと仲よくするにはその哲学を尊重すべきかもしれない。

「なあ、この毛を剃らせてくれへんか？」

白髪交じりの陰毛をひっぱってみた。

「そんなとこ、剃ってどうなるん？」

「どうなるって……？」

「なんかエエことあるんか？」

損得勘定ではかろうとするところは、いかにもおばちゃんらしい。

「俺のチ×ポがギンギンになる」

「あんた、ロリコンか？」

「いやいや、チ×ポがギンギンになったら、君もエエやろ」

「まあな……」

「それに舐めやすいし」

「そうか」

「それにかわいいぞ」

「それやったら、ま、エエけど」

かわいいという言葉に反応したのか、あっさり了解した。

なんと単純な。

「そうやな。ウチも白髪が気になっててん」

白髪のなにが気になるのか。セフレは私しかいないはずなので、私への気遣いかほかの男から口説かれたときのためかわからないが、気になる白髪もろとも剃り落とすことに同意した。

「浮気防止にもなるからな。浮気したらあかんで」

剃らせてくれるので、リップサービスで応える。

「せえへんよ、あんただけや」

房子さんが微笑《ほほえ》んだ。

彼女を口説こうとする男がいるかもしれないと思わせることで、女のプライド、いや、おばちゃんのプライドをくすぐったのだ。

「なあ、あんたはなんで剃ってるん？」

「毛がないほうが大きく立派に見えるやろ」

「アレがか？」

「そうや。それに舐めやすいやろ」

「うん、まあな」

「ふたりとも剃ってシックスナインしたら、ハッピーやろ」

「ハッピー？　まあ、そうやな」

房子さんの毛は剛毛なので、次回のデートでは、まず短くカットしてから剃ることにした。

房子さんの股間に顔を突っこみ、クリトリスを舐め、両側の肉びらを甘噛みしてやると。彼女のイクイク中枢のスイッチが入る。

「あうっ、いや、いや、あうっ」

腰が震えはじめた。震えている間にマグマをためこんでいるのだろう。

「うう、うう、あかん、ギャアアア」

大噴火とともに絶叫した。彼女は一度大噴火してからが本領発揮なのだ。

「入れようか?」

入れてほしいのはわかっているが、わざと訊《き》く。

「入れて、入れて。早う入れてえな」

房子さんに覆い被さってペニスを差しこむ。

「うう、うわぁ」

腰をゆっくり打ちつけていると懇願を始める。

「なあ、もっと、もっと強く突いてえな」

「こうか?」

バコンと勢いよく突くと、喜んで叫ぶ。

だが四、五回突いて止めると、即座に叱責してくる。

「意地悪せんと突いてぇっ」

「よしよし、こうか？」

十回ほど勢いよく突いて止める。

「もお、頼むわ。なんでもするから」

「なにをどうしてほしい？」

「チン……でオメ……をいっぱい突いて」

「はっきり言わんとわからんぞ」

「そんなんよう言わんわ」
二、三度強く打ちつけた。
「あっ、それ、してぇ」

「ちゃんと言うたらガンガン突くで」

「チ×ポでオ×コを突いてぇっ……」

消え入りそうな小さな声で言った。

「よっしゃ、こうか?」

強く激しく突きつづけた。

「そう、そう、これ、これがエエねん。ああ」

しばらく突いていると、房子さんが私の腰に脚を巻きつけてきた。なおも突きつづけていると、巻きつけた脚に力が入って、まるで胴締めのようになる。

そんなときに右手を隙間に差しこんでクリトリスをこする。すると、また大爆発が起きる。

「うわ、イクで、イッてもエエ?」

「エエぞ、思いきりいけ」

房子さんの脚にも腕にも力が入り、まるでコアラが枝にぶらさがるような格好で私にしがみついた。

「イクよ、ん、んん」

房子さんがマグマを充塡している。

「ん、んん、ギャアアア」

噴火して噴水した。

房子さんが膣でいくときはガクガク震えるので、反動でペニスが抜けてしまう。そして、抜けたとたんに尿が噴き出て、あたりに撒き散らすというわけだ。

房子さんをいかせたという達成感があった。遅漏ぎみの私は、房子さんを四つん這いにさせ、大きなお尻を見ながらピストンした。

いつものように親指を房子さんのアヌスにねじこむ。彼女もそれを悦《よろこ》び、膣が締まる。そして左手で自分の尻肉をひろげ、右手で俺の睾丸を揉みはじめるのだ。

アヌスに入れた指で肉壁越しにペニスを押さえると膣肉が亀頭をきつく包んでくれる。

房子さんに揉まれている睾丸の刺激と併せて一気に射精感が近づいた。

「いくぞ、出すぞ」

「出して、出してぇ！」

房子さんの中に思いっきり射精し、ゴロンと仰向けに寝る。

房子さんが射精後のペニスを舐めてくれた。亀頭を舐めまわし、尿道に残っている精液を吸い出してくれる。このときの搔痒《そうよう》感と快感は長く続くので、射精よりもうれしい。

二回戦目が終了したが、房子さんにはおもちゃでの三回戦と電マでの四回戦が待っている。

「ウチ、幸せな女やと思う」

「ええこっちゃ」

「この歳《とし》で、変態の彼氏がおるんやから」

「変態とちゃうで。スケベや」

「あんたのおかげで、私も変態になってもた」

「それって感謝か？」

「もちろん感謝に決まってるやん。あんたもウチに感謝せなあかんで」

確かに私の性欲を吐き出させてくれるので、感謝すべきかもしれない。

三回戦目に振動パターンがいくつかある長めのバイブをクリトリスに当てた。

「ああ、気持ちエエ」

クリトリスを摘まみ、強めにバイブを押し当てる。

「うわ、くうぅ」

クリトリスがバイブに揺さぶられている。

「ん、ん、ギャアー」

両脚をつっぱり、腰を浮かしてガクガク跳ねている。

「これを入れようか？」

バイブを見せて、わざと訊いてやる。

「入れて、入れて！」

「どこに？　お尻か」

「ちゃうやん、オメ……」

隠語を言わせようとしたが、これもおばちゃん哲学なのか恥ずかしくて口にできない。

一気につっこむ。

「いやっ、んぐ、ん、ん、んぎゃー」

叫びながらジタバタしたあと、全身を硬直させて断続的に唸っている。

「このあと、電マも待ってるからな」

「もうエエわ、それ」

いつもそう言うが、仕上げの電マがいつものメニューだった。

「ウチ、こんな女とちゃうかったのに。それが今では変態さんのおかげでエライこっちゃの抹茶の紅茶やで」

大阪人らしく、ギャグでお茶を濁す。

「ほな、仕上げしよか」

「またあ？　もう……」

駄々っ子の甘えをしかたなく許すようなそぶりだが、彼女の本心は違う。

「ほな、レオタードを着てくれるか？」

「うん、エエよ」

房子さんはベッドから飛び降りると、すけすけのハイレグレオタードを着て、笑顔で戻ってきた。

先輩の秘密――東京都・OL・三十一歳

「飯島《いいじま》、まだこれ終わってないの？」

眉間にしわを寄せて問いつめてくる相手につい、じゃああなたがやってよ、と言いそうになるのをこらえて頭を下げました。

「……すみません、あと三十分で終わらせます」

「忙しいんだから、早くしてくれる？」

そう言い捨てて窓ぎわの席に戻る五つ上の男性先輩、北川さんの背中を一瞬にらんで、パソコンに向きなおりました。

北川《きたがわ》さんは数いる後輩の中でも特に私のことが気に入らないらしく、なにかにつけて文句を言ってきます。いっしょに仕事をするようになって間もないころは、後輩にあえてキツく当たって芯の強さを試すのがこの人のやりかたなのかと、しばらく耐えていました。

しかし、私のあとに他部署から移ってきた子たちとの関係はきわめて良好。自分がわけもなく嫌われていることに腹を立てながらも、先輩としては尊敬できるところも多々ある北川さんに、私は複雑な思いを抱いていました。


その日も、ねちねちといやみを言われながらどうにか業務を終え、家に帰ったときでした。

「……あれ？」

家の鍵が見当たりません。そういえば昼間、うっかりバッグをひっくり返したことを思い出しました。

あのとき、机の下に転がったのかもしれません。深いため息をつきながら、まわれ右をして会社に向かいました。

金曜日の夜十時も過ぎたというのに、オフィスにはまだ人が残っているようでした。ドアを開けると、北川さんの席の卓上ライトが点《つ》いています。

なにか言われる前に帰ろう。自分の席を急いで探しまわってようやく鍵を見つけ、そっと部屋を出ようとして、妙なことに気づきました。私が物音を立てているにもかかわらず、暗がり越しに見える北川さんは窓のほうを向いたまま微動だにしないのです。

まさか気を失ってたりしないだろうな、と思いながら、恐るおそる北川さんの席に近づいてみると、彼はイヤホンをしていて私が入ってきたことにも気づいていないようです。

デスク越しに背中をのぞきこむと、北川さんは男性がムチでたたかれている動画をスマートフォンで見ながら、自分の股間をギンギンに勃《た》たせていました。

肩で息をして、ペニスの先から透明な汁を垂らしながらも、それをしごかないのはマゾだからかな、とうしろから呆然《ぼうぜん》と眺めていると、気配を察したのか北川さんが振り返りました。

「い、飯島……どうして……」

「……忘れ物を取りに来ました。誰にも言わないので安心してください」

私は思わず、そう言いました。

目の前で起きていたことに動揺しつつも、冷静にそう言って私が踵《きびす》を返すと、スーツの下をはきなおした北川さんが追いかけてきて前に立ちふさがりました。

「……頼む」

「……言いませんってば」

「そうじゃなくて……」

「……えっ？」

「いつも俺にあれこれ怒られて頭にきてるだろ。ムカつくと思ってるだろ。それ……俺に全部ぶつけていいから……」

その言葉に私は、北川さんの顔をまじまじと見つめました。

「もしかして……いじめられたいんですか？」


「じゃ、さっき会社で見てた動画、私の前でもう一回見てください」

ラブホテルの部屋に入るなりそう言った私に、北川さんはとまどった顔をしました。

「職場でオナニーするつもりだったのに、私が邪魔したからできなかったんですよね。続き、していいですよ」

「……ここでするのか？」

「いやならいいですよ、私は帰りますから」

「……わかった」

下半身をまる出しにした北川さんがソファに腰かけます。私は服を着たまま、少し間を空けて隣に座りました。

素人男性がＡＶ女優に責められる動画を見出してすぐ、北川さんのペニスは上を向きはじめました。

「さっきもそうやって、触らずにいましたよね。いつもそうしてるんですか？」

北川さんが小さくうなずきます。

「そんなに息をあげてチ×チン大きくしてるのに我慢してるんですね。どうして？」

「……こうしてると、もっと気持ちよくなるから……」

ふうん、と鼻で笑って、私は意地悪くほほ笑みました。

「じゃあ、いつまでそのままでいられるか、見ててあげます。我慢できなくなったら教えてください」

「飯島っ……もう無理……」

「まだちょっとしか経《た》ってないのに、もうダメなんですか？」

そう言って、私は北川さんの手首をタオルで縛りました。

「あぁっ……」

「もう少しがんばりましょうね。私、仕事するのに時間かかるんです」

にっこり笑って言うと、北川さんはびくんと身体を震わせました。画面の中では、男性が何度目かわからない射精をさせられています。

「こうやって出したいんですか？」

「出したい……出したいよ……」

「我慢汁でベトベト……先輩、みっともないですよ」

「頼む。触らせてくれ……いや、触ってくれてもいい、頼む」

「あんなにいやがらせした相手が触ってくれると思ってるんですか。変態ですね」

「ううっ……」

「ちゃんとお願いしたら、ほどいてあげます」

「……お願いだから、触らせてください」

「なにを？」

「チ×チンを触らせて……早く触りたい……」

懇願する北川さんに自由を与えると、息をあげながらペニスをしごきはじめました。先走りがニチャニチャといやらしい音を立てます。

「そんなに激しくして……気持ちいい？」

「ああ……気持ちいい……」

右手でつかんだペニスを左の手のひらにくるくると擦《こす》りつける北川さんを見て、つい意地悪な言葉が口をつきました。

「しごくだけじゃなくて、そんないじりかたもするんですね。いじめられる妄想でオナニーばっかりしてるんでしょう」

「あっ……」

「イクときはちゃんと言ってくださいね」

「もうイキそうだ……」

「もう？　かわいくない後輩に見られながらイッちゃうんですか？」

「ああ、イクよ……イク……」

「射精するところ、ちゃんと見せてください」

「あっ、もうイク……出る出る出るっ、あああっ」


「次はどうしましょうか」

吐き出した精をティッシュで拭ってから、北川さんをベッドに押し倒しました。いつもと正反対のシチュエーションに私は高揚感を覚えていました。

「先輩、乳首も感じる人ですか？」

「……やめてくれ」

「どうしてですか」

「…………」

「してくれ、の間違いでしょ」

そう言って私は部屋にあったローションを北川さんのおなかに垂らしました。冷たい、粘り気のある液体を上半身に塗りひろげ、両手の人さし指と中指で乳首を撫でまわします。

「あっ、あっ……」

「女の子みたいな声ですね」

「ああ、気持ちいい……っ」

「こうするのは？」

親指と人さし指を使って、ひもをこよるように乳首をひねると、横たわる北川さんの身体がびくんと跳ねました。

「ああっ、あっ、それいいっ……」

「もっとしてほしいですか？」

「して……もっと乳首いじめてください……」

乳首をこねまわしたり、爪でカリカリ引っかいたりしながら、私は北川さんの耳もとでささやきました。

「もしかして、こうしていじめられること想像しながら、私のこと、雑に扱ってたんですか？」

「そんなこと……」

「そんなわけないか……あれ、乳首しか触ってないのにまた勃起してますよ」

「あっ……」

「こっちもぐちょぐちょにしましょうね」

ローションまみれの手でペニスを包み、硬くなったそれを擦りあげます。手を滑らせるたびに北川さんは小刻みに震え、気持ちよさに耐えているようです。

「飯島っ……タマも触って……」

「おねだりなんかしちゃって……いつもの調子はどこ行っちゃったんですか」

「気持ちよくなりたいから……お願い……」

「しょうがないですね。どう触ったらいいかわからないから教えてください」

そう言うと、北川さんは私の左手を自分の睾丸にあてがい、その上から軽く揉みはじめました。

「はああ……いいっ……」

「先輩……私の手でオナニーしてるみたいですよ」

「ああ……飯島……」

されるがまま、左手でやわやわと袋をいじっていたら、中指がお尻の穴に触れました。まるいものを揉みながら、濡れた指で穴の入口を撫でると、そこがキュッと締まるのがわかりました。

穴に指が入るギリギリのところを何度もかすめると、ペニスがもっと硬さを増してきました。

熱い息を漏らしながら悩ましい表情を浮かべる北川さんに、私は笑いかけました。

「こっちはしてあげません。初めからいろいろやったら、面白くないでしょう？」

昼間とは別人のようにとろけてしまった北川さんを前に私も身体が熱くなり、服を脱ぎ捨ててベッドに横たわりました。

「先輩が変態だから、私も感じちゃったじゃないですか……」

「飯島……エロい身体だ……」

おっぱいを口もとに近づけると、赤ちゃんのように乳首を吸ってくる北川さんがかわいく思えて、頭を撫でながらささやきます。

「上手……もっとチュウチュウして……」

「こう……？」

「ああんっ……そう、そうやって噛まれるのもいいの……」

「飯島も変態だな……」

「先輩ほどじゃないです……あっ、ああっ……」

「ほら、いやらしい匂いがしてるぞ……」

「ああっ……入れたく……なっちゃいましたか？」

「おまえこそ、欲しくなったんだろ……？」

「私は入れさせてあげるほうですから……先輩がおねだりしなきゃダメです……」

私は北川さんの上にまたがって、濡れそぼったアソコをおなかに擦りつけます。

「ほら……どうしたいか言ってください……」

「ううっ……」

「ねえ……どうしたいの……？」

「……入れたい、飯島のマ×コにチ×チン入れたい……！」

その言葉と同時に、そそり立ったペニスにずぶっと腰を落としました。

「あああっ……」

「飯島、ダメだ……気持ちよすぎる……っ」

「まだまだ、これからです……」

お尻を打ちつけるように上下に動くと、淫らな水音が部屋に響きます。

「ああ……出たり入ったりしてるのがまる見えだ……っ」

「先輩、気持ちいいですか……？」

「気持ちいいよ……チ×チンが溶けそうだ」

「うれしい……もっとよくしてあげます……」

今度は腰を落として奥までペニスを咥えこみ、円を描くように身体をよじらせます。

「ああ……いいっ……飯島も……？」

「あっあっ、あああっ……好き……チ×チン、ぐりぐりってするの好きなんです……っ……ああ……」

「飯島っ」

その瞬間、上に乗っていた私はあっという間に押し倒され、北川さんにのしかかられていました。

「ダメです、私がいじめるんですから……っ」

「もうさんざんやられたから、お返ししてやる……ほら、こうやってされるのがいいんだろ……？」

「ああっ、それ気持ちよすぎちゃう……ダメです……」

「……飯島、俺ももうイキそう……」

「私もです……あっ、イク、イッちゃう……」

「出すぞ……ああ、イク……」

「中に射精してください……出してっ……」

「うう、出る、出るっ……ああっ……」


「先輩の変態……来週からどんな顔して小言を聞けばいいんですか」

ベッドの中で少しだけふて腐れていると、北川さんはのんびりと言いました。

「いままでキツく当たりすぎたから、来週から心を入れかえてやさしくしようと思ったんだけど」

「……それはダメです」

「なんで？」

「……ダメです。いじめられないと、いじめる楽しみがないですから」

試着室の奥で

千葉県・主婦・四十七歳

これからお話しするのは、私が独身時代にドキリとした内緒の出来事です。

まさか試着室の奥に、あんな部屋があったなんて……。

二十年以上経《た》った今でも、思い出すたびに身体の奥がじんと熱くなってしまいます。

当時二十五歳だった私は、都内の某大手自動車会社に勤務していました。毎日毎日、満員電車でぎゅうぎゅう押しつぶされながら、自宅から約一時間かかる会社へ通っていました。

朝八時半から夕方五時半までのデスクワーク。帰りの電車もラッシュアワーで立ちっぱなし。自宅の最寄り駅にたどり着く頃にはもうぐったり。

そんな私の楽しみは、家に帰る前に最寄り駅すぐそばにある小さなブティックに立ち寄ることでした。

安月給の私にも手が届く値段のブラウスやスカート、コートなど、二十代から三十代女性向けの洋服が中心の、かわいい雰囲気のお店だったのです。

仕事のあと、両親が同居する自宅にまっすぐ帰るのはつまりません。淋《さび》しい私にはちょうどいい寄り道。月に二回ほど立ち寄っていました。

その頃の私は、三年間つき合っていた同い年の彼と別れてから一年ほど経つのに、新しい彼ができず、淋しい日々を送っていました。

別れた彼とのセックスは、月に一回程度。しかも一回十分くらいの淡白なものだったので、セックスなんてつまんない、面倒くさい……と思いこんでいたのでした。

軽くウエーブのかかった髪は肩までの長さ、面長で二重の目、下唇が少し厚めという顔だちで、いわゆる中肉中背の私。でも、バストはEカップ、お尻もまるくて大きい。会社から支給される制服のブラウスがきつくて、重い書類を持ちあげたとき、第三ボタンがブチッとはじけ飛んだことも。制服のベストもタイトスカートもパツパツでした。

ああ、もっとスラッとした体型になりたいわ。ボディラインに凹凸がありすぎるのが、悩みの種でした。

涼やかな風が吹く五月半ばの金曜日の夜。

明日の土曜日は、久しぶりに会う学生時代の女友だち四人で、日比谷に新しくオープンした和食店でランチをする約束でした。

でも……着て行く服がないわ……困ったな、せっかく久しぶりに会うのだから、大人っぽく決めていきたいのに。そうだ、会社の帰りに、またあのブティックへ寄ってみよう。

その日で確か三回目の訪問でした。

「いらっしゃいませ」

お店のドアを開けると、四十代半ばのオーナーらしき男性と目が合いました。ニコニコしながらこちらに寄ってきます。

「あなたのような色白美人さんには、このワンピースが似合うと思いますよ」

初夏の青空を連想させる、さわやかな水色のワンピースを私に手わたしました。

あら、いいな、素敵。でも、身体のラインが目立つデザインね。入るかしら、胸がきついかも……。

「あのぉ、試着してもいいですか。きついかもしれないので……」

「もちろんです。どうぞ、どうぞ」

オーナーが私を試着室へ案内しました。

その試着室は店の左手奥にあり、入口をカーテンで仕切っただけの狭い空間でした。変わっているなと思ったのは、その構造です。正面に姿見があるのですが、端にドアノブがついています。もしかしたら、扉に鏡が取りつけてあるだけで、奥は事務所かなにかになっているのかもしれません。

着ている服を脱いで、水色のワンピースのうしろファスナーを上げようとしたときです。

「背中のファスナーが上げづらいでしょ、お手伝いしましょうか?」

カーテンの向こうから、そう声がかかりました。

「あ、いいえ、大丈夫です。自分でやりますから……」

そう言い終わる前に、カーテンがしゅるっと開けられました。

「わあ、やっぱり素敵だ。似合いますよ、この色とデザイン。お客さん、スタイルいいからね」

親しげな笑みを称えながら、私のうしろに立つと、ファスナーをするりと上げました。でもそのとき、彼の指が私の背中から腰をすうっと撫でたのです。

もう、やあねぇ、いやらしいんだから。ま、いいか、ちょっとくらい。

確かにそのワンピースは私の身体にぴったりで、胸とお尻と背中のラインがはっきりわかる大人っぽいデザインでした。値段もお手頃な一万五千円。これなら女っぽさを強調できて、明日はひとり勝ちだわ。

「お買いあげありがとうございます。じゃあ、特別に十パーセント値引きしてあげますね。あ、スタンプカードを作りますから、名前と住所、電話番号を書いてくれませんか」

差し出されたカードに、自分の名前、自宅住所、電話番号を記入しました。

「夏輝《なつき》ちゃんっていうんだ。さわやかな空色のイメージぴったりだな。ナイスバディだし、おじさん、ファンになっちゃうな」

やだ、ちょっとなれなれしいわね、このおやじ。でも安くしてくれたし、ま、許してあげよう。

空色のワンピースといっしょに高揚した気持ちも抱えて気分よく帰宅したのでした。

それから二週間後、金曜日の夜八時少し前のこと。

残業で遅くなっちゃった。もう閉店の時間だけど、ちょっとだけのぞいてみようかな。

ブティックのドアをそっと開けます。

「あの……確か八時閉店ですよね、入っても大丈夫ですか？」

「ああ、なっちゃん、どうぞ、どうぞ。あれから来ないからどうしたのかなって思ってたんだよ」

まるで恋人に話しかけるような甘やかな口調と満面の笑みで、オーナーが出迎えてくれました。

「今夜はもうお店閉めるから、貸切だよ。ゆっくり見てってね」

ガラガラガラとシャッターを下ろす音。

えっ。シャッター閉めるの……大丈夫かな、まさか監禁されるわけじゃないわよね、こんな近所で。早く店閉めて帰りたいのね、きっと……。

日頃から決断力の速い私は、ざっと店内を見わたしてから、ささっと目に留まったものを手に取りました。

初夏にピッタリの白い半袖のシフォンブラウス、紺色のシンプルな膝上丈のタイトスカート、淡い卵色の薄手カーディガン、総額三万二千円。

「じゃ、この三枚お願いします」

「おや、もう決めたの。ちゃんと試着したほうがいいよ。特にこのタイトスカートはお尻がゆるかったら、台なしだからね」

試着室へ私を誘導するオーナー。

うーん、ちょっとマズい雰囲気。なんだか妖しい雰囲気だわ。ふたりきりなのに、あの試着室で服を脱ぐなんて……。

「いえ、いいんです、試着しなくても。きっとピッタリだと思うから。お会計お願いします」

試着室のすぐ横にあるレジへさっさと向かう私を見て、オーナーもうなずきながらついてきました。

「今夜はブラウスの金額だけでいいよ。八千円。スカートとカーディガンはかわいいなっちゃんへのプレゼント。誰にも内緒だよ。今、袋に入れるからね」

ええっ、いいの？　すごく得しちゃったわ。うふふ、超ラッキー。

三枚の服が入った紙袋を受け取ろうとしたそのとき、ぐいっと右手首をつかまれたのです。

すごく強い力で私をひっぱりながら、片足で試着室の奥にあるドアを開けるオーナー。まず目に飛びこんできたのは、部屋の真ん中にどんと置いてある大きなベッドでした。

えっ、なんでベッドがあるの。なんなの、この部屋は……。

ぐるっと見わたすと、ベッドのまわりに乱雑に山積みされた洋服が……。

そうか。ここは倉庫なんだわ。広い。お店と同じくらいある。でも、なんでベッドがあるの。

あまりの驚きに声も出せずにいる私を、名前も知らないそのオーナーが私をベッドに押し倒したのです。

うっ、重い。全体重をかけないでよ。く、苦しい……。

飛び跳ねる心臓、震える身体、声が出ない。

怖い。怖い。やばい。どうしよう。殺されるの……？

「なっちゃん、かわいいねえ、俺のタイプなんだよ、初めて見たときから。それにさあ、試着室でさわったとき、いやがらなかったよね。俺のこと好きなんだよな？」

な、なんだ、こいつ！

ふざけんな、勝手な思いこみしやがって。あ、だめ、やめて。

片手をスカートの中に滑りこませて、太ももをするすると撫ではじめました。

今日は蒸し暑かったから素足だ。しまった、すぐにパンティーに手がたどり着いてしまう……。

あれ、今日ってどんなパンティだっけ、色気のない地味なやつかも。恥ずかしい。

違う、そんなこと考えてる場合じゃない。

すっかり興奮して息が荒いオーナーの顔が、私の股間へ近づいてきます。

えっ、舐めるの？　ちょっと待って、汗くさいのに、シャワーも浴びずに。やだやだ、顔を埋《うず》めないでよぉ……。

「ああ、いい匂いだ。オマ×コが汗くさくてすごくいい。毛深いんだねえ、俺の好みだ」

そう言いながら、ぺろぺろと割れ目を舐めはじめました。

当時、性経験の浅かった私は、あそこを舐められるなんて初めてのことで、とにかくびっくり、どっきり。衝撃が走りました。

いやなのに気持ち悪いのに、自然と腰が浮きあがってしまいます。

私の両手首を左手でつかんで頭の上に押さえつけ、右手で私のおっぱいを揉んできます。

痛い。

力が強くて、おっぱいの形がぐにゃぐにゃにされてます。

あ、なんだか乳首がムズムズしてきた。痛いのにおっぱいが熱くなってきます。

その間もずっと割れ目を舐めつづけられています。

舌先が少しずつ膣の中に入ってきました。今度は割れ目全体に吸いついてきます。

バキューームみたい。

あ、それ、気持ちいいっ、もっと強く、強く吸ってぇ……。

頭がぼーっとしてきました。

なんだろう、この感覚、お酒みたい、酔ってるのかな私……。

どうしよう、このままだと挿入されちゃう。落ち着こう、そうだ、おしゃべり、おしゃべりしよう。

「ちょっと待って。そんなに焦らなくてもいいじゃない。ねえ、どうしてここにベッドがあるの？」

やっと声が出ました。

そうよ、その調子。話をするうちに、きっとこいつの興奮が治まるわ。

「うちに帰ると、口うるさい奥さんがいるからさ、ときどき店に泊まるんだよ」

なるほど、そういうことなのね。

「ねぇ、あたし、ここじゃいや。だって急なんだもん。今度ゆっくり楽しみたいわ、ね、お願い」

精いっぱいの演技で甘い声を出してみました。

すると、私に覆いかぶさっていた重みがふっと緩んだのです。

「ごめんね、つい興奮しちゃって」

オーナーが穏やかな表情でうなずきました。

「そうだよな、あんな倉庫でセックスするのはいやだよね。じゃあ、今度ホテル行こう。いつにする？」

まだやる気満々のようです。でも、とにかく今はここから脱出することが大事。適当に約束しよう。

「そうね、来週の土曜日の午後はどうかしら。会社もお休みだし」

「そうだね。じゃあ、お店で待ち合わせしよう。その日は臨時休業にするからさ。なっちゃんが来たら、すぐお店閉めて車でホテル行こう」

オーナーはすごくうれしそうな顔をしながらシャッターを開けてくれました。

店を出てすぐ腕時計を見ると八時四十五分。一時間も経っていません。

三時間くらいに感じたわ。ほんと、怖かった……。

二度と来るもんか、こんな店。舐められた股間を早くシャワーで洗い流さなきゃ。

でも……なんか変な感じ。あそこが熱いのです。それにじんじんしています。

もうちょっと舐めてほしかったかも……。

大人ってあんなことするのね。知らなかった。

右手に洋服の入った紙袋を持ちながら、悔しいような、もどかしいような気持ちで、足早に帰宅したのでした。

あのときは若かったし、セックスの経験も浅かったから、つい焦りまくって拒否しちゃったけど、あの部屋で最後までやってみてもよかったかも……なんて、この年齢になると、つい思ってしまいます。

あの事件以来、いろんなお店の試着室へ入って着がえるたびに、またしゅるっとカーテンが開くかもしれないと、つい期待してしまい、ひとりドキドキしてしまう私です。

ものはお試し――長野県・OL・四十三歳

私の住んでいる地方では八月に全国的に有名な花火大会が開かれる。二十五歳のころ、私は友人とその花火大会の会場までの臨時電車に乗っていた。

電車は満員で座れず、扉がわに立ったまま外の景色を眺めていたとき、私の携帯電話が鳴った。

「はい、もしもし?」

「あ、加奈子《かなこ》、ちょっといい?」

母だったので、私はドキッとした。母は私が出かけているときは、電話ではなく、いつもメールしてくるからだ。

「今、電車の中だから、長くは話せないよ」

「そうね……今、宅配便が届いて、有料放送用のチューナーが入っていたんだけど、差出人がなにも書かれてないのよ。加奈子、自分で頼んだの？」

「はあ？」

すし詰めの電車内で私は声をあげた。

「そんな高いもの、注文するわけないよ」

「でも、宛名は加奈子になってるわよ。とにかく帰ってきたら、確認してね」

母はそう言うと、電話を切った。

有料放送のチューナー？

懸賞に応募した覚えはないし……第一、差出人不明って……？

私の困惑する様子に心配する友人への対応もうつろに、せっかくの花火大会も「チューナー」のことで頭はいっぱい。なにも印象に残っていない日となった。

深夜帰宅すると、居間のテレビ台の前に宅配便から届いた箱が開かれたまま置いてあり、当時、普及しはじめていた有料番組のチューナーがそこに入っていた。

私は浴衣姿のまま、箱の荷札を確認した。確かに住所は私の住まいになっていて、宛名には私の名前が書かれている。

だが、差出人は空欄……いったい誰が送ってきたのか？

結局、思い当たる人がおらず、チューナーは使用しないまま居間に置かれっぱなしになっていた。私はチューナーを見かけるたびに、悶々《もんもん》とした薄気味悪さを感じていた。

それから二カ月が経過したころ、会社でひとり残業をしていると、吉岡《よしおか》という男性社員が入ってきた。

「あ、吉岡さん、お疲れ様です」

「お疲れ様デス。加奈子サン、ひとり？」

「そうなんです。今日中の書類が残ってて……」

「そうか……大変ネ」

この男性は吉岡正司《しょうじ》、私より二歳年上の二十七歳。父親が中国残留孤児の日本人、母親が中国人で、中国生まれの中国育ち。

数年前に家族で日本に来て日本国籍を取得し、日本人になったという。特有の訛《なまり》はあるものの、会話は支障なくできた。

「ところで加奈子サン、アレ使ってみたか？」

「えっ。アレって……？」

私は一瞬ギョッとした。

「私、アナタに送った。届いてナイカ？」

「えっ……もしかして、チューナーのこと？」

「そうヨ！」

「吉岡さんだったの。でも、どうして？」

「アナタ欲しいって言ってた。だから私、買って送った。気に入らナイカ？」

私は頭が混乱した。吉岡に欲しいと言ったことや、そんな会話したことすら覚えがないのだ。

「悪いけど、受け取れないです。チューナー代は払うので、吉岡さん、自分で使ってください」

「私は自分のアル。アナタにプレゼントしたんだから受け取って。返されても捨てるだけヨ」

これでは押し問答である。私はしぶしぶ受け取ることにした。

「この間、アナタと会社の買出しに行ったとき、アナタ家電製品のチューナー見て、今、コレが欲しいのって言ってた。だから、アナタのために買って送った。すぐ気づくと思ってた」

吉岡が言ったので、私は一気に思い出した。

「確かに言った……でも、ただの雑談なんだけど」

その日以降、吉岡はなにかと私に声をかけてくるようになった。

仕事の休憩時間中、

「加奈子サン、コーヒー買ってきたヨ」

と、缶コーヒーの差入れをされたり、帰りぎわに呼び止められ、

「加奈子サン、コレ私が作った。食べて」

と、手作りの饅頭《まんじゅう》を差入れられたり。

しかも私にだけなので、

「吉岡くん、相沢《あいざわ》さんにだけ親切ねぇ……」

と、会社のお局様にいやみを言われる始末。

……吉岡正司、このヒト、確か結婚してたっけ。奥さんは中国にいるって……寂しいのかな。

そんなふうに思いながら、毎日吉岡と接していると、少しずつ好感が持てるように

なってきた。

吉岡は身長百七十八センチで中肉中背、はっきりとした二重瞼《まぶた》で鼻筋が高く、人目を惹《ひ》く雰囲気があった。ルックスは悪くない……。

私がそんな意識をするようになったとき、会社全体のイベントでボーリング大会が開催されたが、偶然にも私は吉岡と同じグループになったのだ。

ストライクやスペアを取るたびに、歓声やハイタッチなどで盛りあがり、私も同じくテンションがあがっていた。

ストライクを取った吉岡とハイタッチをしたとき、ふと彼の左腕に複数の火傷《やけど》のような痕があるのに気がついた。

「吉岡さん、その痕どうしたの？」

私はさりげなく尋ねた。

「ああ、コレか。タトゥーの痕ヨ。もう消したいから、レーザーで治療してる」

「えっ、タトゥー？」

今でこそタトゥーというと気軽に入れられる感覚があるが、当時はもっと重々しいイメージがあった。私が二の句が継げないでいると、

「中国ではさんざん悪いコトしてきた。そのとき、このタトゥー入れた。でも日本に来てからはもう悪いコトしていない。だからタトゥーも消したいと思って……」

苦笑いしながら吉岡が説明する。

私はその表情を見つめながら、そういえば、このヒトけっこうな遊び人だって聞いたけど、いったいどんなセックスするんだろう。日本人とどう違うのかなと、にわかに興味が湧いてきた。

「今度、夕飯食べに行きませんか。チューナーのお礼もしたいし……」

私は吉岡を誘ってみた。

「夕飯……イイネ。いつ行くか?」

吉岡は満面の笑みで応えた。

「じゃあ、一週間後の夜でどうですか?」

「イイヨ!」

ボーリングの歓声で、誰も私と吉岡の会話には気づいていないようだ。私たちはこっそり電話番号を交換した。

一週間後の夜、私は自分の車で吉岡のアパートまで迎えに行くと、すでに外で待っていた吉岡が笑顔で車に乗りこんできた。

「今日の加奈子さん、かわいいネ！」

この日の私は、白地のブラウスに水色のフレアーミニスカート。仕事中はまとめているロングヘアをフルに下ろしていた。

私服姿が吉岡には新鮮に映ったのだろう。吉岡はずっと私を褒めつづけている。

夕飯は近場の中華料理店。料理を待っている間、私は吉岡に訊《き》いてみた。

「吉岡さん結婚してるでしょ。奥さんは？」

「今、奥さんは中国ヨ。奥さん日本に来る気ないから、ワタシいつもひとり。寂しいヨ……」

「…………」

吉岡が注文してくれた餃子《ギョーザ》に唐揚げ、ラーメン、炒飯《チャーハン》……テーブルにたくさん運ばれてきた。

そして食事を終え、車に戻ったとき、

「ホテル、行こう」

吉岡が口にした。

この展開になることは想定内だったので、私はふたつ返事で応じた。

吉岡は国籍は日本人だけど、ほぼ中国人だよな。しかも遊び人だという噂だし……ま、ものはお試し！

中華料理店の近くに、ラブホテルというよりモーテルといったほうがしっくりくるホテルがある。私はそこへ車を走らせた。

「加奈子サン……」

部屋に入ると、吉岡が立ったまま唇を押しつけてきた。いきなり舌が入ってきて、口の中をグルグルとかきまわされた。勢いが激しく息が苦しい。

そうとうご無沙汰だったんだろうか……でも、これから彼のおてなみ拝見だわ。

長いキスのあと、吉岡は私をベッドに押し倒し、私を見下ろしながら、

「加奈子サン……ワタシ、アナタがずっと好きだった。気づいていたか？」

「ごめんね、知らなかった。いつから？」

「もうずっと前からヨ。だから、うれしい」

そう言うと、ブラウスの上から強く胸を揉みはじめた。吉岡の腕からタトゥーの痕

が見えた。

ここまでは、まあ普通か……次はどんな展開？

私が下から見あげてニッコリと微笑《ほほえ》むと、

「加奈子サン……かわいいよ」

吉岡は言い、ブラウスを脱がせはじめた。胸もとがはだけ、ブラジャーが露《あらわ》になると、吉岡は慣れた手つきではずし、じかに胸に触れた。

「あっ……」

強く揉みながら、左右の乳首を口に含んだり舐めたりを繰り返しはじめた。

そのたびに身体の奥からゾクッ、ゾクッとくるのと同時に、それで次はどうなるのと、愉《たの》しんでいる自分もいる。

ふいにスカートの中に手が差しこまれ、ショーツが脱がされた。

……えっ、いきなり？

そう思ったとたん、スカートが捲《まく》りあげられ、クリトリスに舌が這いはじめた。舌先でその部分を左右に突いたり、押したりを繰り返している。

「ちょっと待って、まだシャワー浴びてないから」

「平気ヨ、気にしない」

私は胸や乳首への愛撫とは違うものを感じはじめた。身体のもっと奥からジワジワとくる快感だ。体温もあがってくる。

「すごい濡れてきてる。気持ちイイか？」

「うん……気持ちいい……」

吉岡は執拗《しつよう》に舐めつづけていたが、ふいに「ワタシのもシテ」と言い、ズボンとトランクスを脱いだ。

中国でも、カップルの間では口でスルもんなのかな。日本とあまり変わらないのね……。

私は自分自身も興奮していたが、分析もしながら、仰向けになった吉岡の勃起に顔を寄せた。

形も大きささも日本人と変わらないな……。

私はいきり勃《た》ったペニスを握りながら、吉岡と目を合わせた。吉岡がせつなそうな表情をした。先端から透明な粘液が溢れている。

私はその粘液を舌で舐め取ってから、深く咥えて頭を乗させた。

「うっ……気持ちイイヨ。ワタシの奥さんはこんなことしてくれない」

吉岡が上着を脱いだ。私がちらっと見ると、首にシルバーの太いチェーンネックレス、上半身に腕と同じような柄のタトゥーが多数あった。タトゥーは墨で漢文が刻まれていて、部分的にレーザー痕がある。

「ここのタトゥーも消すつもりヨ」

私がペニスから口を離し、驚いた表情をしていたのを察知したのか、吉岡はフォローした。

チェーンネックレスの好みも合わないけど、タトゥーだらけも無理かも……。

そう思いはじめたとき、吉岡が私を押し倒し、ペニスを挿入してきた。

「えっ……あっ……いきなり……いいっ……」

吉岡のクンニと興奮で濡れていたので、瞬間の快感は大きかった。

吉岡は強弱をつけながら、私の反応を見てピストン運動を続けた。特に強い動きのときはかなり激しく、そして長く動いていた。

「あぁっ、いいっ……」

きっとこの腰遣いが自慢なんだろうな、遊び人なのはわかるわ。

「加奈子サン、口開けて」

不意に吉岡が動きを弱めながら言った。ジュースの口移しかと思い、口を開けると、吉岡は自分の口から唾液を私の口へとタラーッと垂らしてきた。

えぇっ。なに、このプレイ。汚なっ……。

「私のコト好きなら……ツバ飲んで……」

私は口の中に入ってしまった唾液を飲みこんだ。独特な風味が口内にひろがる。

うえーっ、もういらないわ。

吉岡はうれしそうにすると、またピストン運動を激しく始めた。強く、猛スピードで動き、

「加奈子……イクヨ」

そう言うと、ペニスを抜き、私の腹の上に思いっきり精子を放出した。そうとうの量だった。

生まれて初めて他人の唾液を飲んだが、私には美味にはならなかった。最初で最後である。

「コレ、プレゼント」

帰りぎわ、吉岡が長方形の箱をわたしてきた。開けるとシルバーの太いチェーンネックレスが入っていた。まったく私の好みにそぐわないタイプだ。

そのあと、吉岡からは電話やメールが来ていたが、スルーしていたら自然消滅となった。

「吉岡くん、奥さんが日本に来るらしいよ。それで会社辞めて、お父さんが住んでいる関西のほうに引っ越すみたい。寂しくなるわねぇ」

後日、会社のお局様が私に伝えてきた。噂では、吉岡は離婚、再婚を繰り返しているらしい。

ものはお試し。まあ、いい経験にはなったかな。

女性用風俗体験記

大阪府・主婦・四十九歳

私は、結婚十七年目で子供のいない四十九歳。

ワンレンボディコンで遊びまくっていた二十代は幻かと思うほど、十五キロも増加し、きっちり中年のおばさんになっている。

いよいよ閉経も近づきはじめ、白髪染めの頻度も早くなり、下半身を隠すためにチュニックを愛用。

自分が女でなくなるような憂鬱な気分に定期的に襲われると、私は同じように老化を受け入れられない悪友たちと連絡を取り合う。

そんな女性ホルモン活性化が必要な私たち。もっぱらの興味は、数年前からメディアで頻繁に取りあげられている「女性用風俗」だ。

「人生最後のオーガズムはプロに任せたいわ」

「私の性欲はどこに行ったのか、探してきてよ」

こんなことばかり言い合っては、深いため息をつく。

私は、あと何回セックスをするのだろう。十年ほどセックスレスの旦那とはこの先もありえないし、セフレも同じように年を重ねて勃起力もイマイチとなり、最近では連絡を控えている。

ヘタしたら、人生最後のセックスはもう終わっているのかもしれない。

「やっぱりさ、お金を出して、若い子に相手してもらうのがいちばんじゃない」

「ほんと、オッサン化が止まらないよね」

こうして風俗の話で盛りあがると、熟女の暴走ぎみの願望が溢れ出す。抱きしめてほしいだけとか、腕枕で甘えたいとか、若い男の匂いだけで満足だとか、韓流ドラマの見すぎだと大笑いしながら憂いている。

ところが、いざ予約となると誰も勇気が出ない。どうも昭和世代は「風俗」という響きに怖さを感じ、尻ごみしてしまうようだ。

それでも、人生最後のオーガズムを身体に焼きつけたいと強く思うようになっていた私は、悪友たちに宣言した。

「私、体験するわ。有終の美よ！」

「さすが、期待してるわよ」

「そうよ、あんたがいいって言ったら、うちらも乗っかるから」

こうと決めたら一直線の私。帰宅するなり、パソコンでリサーチを始めた。

「女性用風俗」と検索をする。画面上にはなんとなく色欲をかきたてる、それっぽいお店の名前が並ぶ。

こんなとき、トップに出てきたお店を選ぶことにしている私は、性感マッサージAというお店に決めた。

「十八歳以上ですか」

アダルトサイトの入場の画面は、うしろめたさを煽《あお》られているような気がして、いまだに少しドキドキする。

そのお店のホームページは、夜の匂い、大人の色気、お金の匂いが漂っていた。スーツ姿の男性、カジュアルな服装の男性、筋肉をアピールする男性などが、プロフィールつきで紹介されている。まさに目の保養だ。

顔にぼかしがかかっていても、なんとなくその男性の雰囲気がわかるような気がする。

予約のしかたや施術内容など、メニューをクリックするたびに艶《なま》めかしい画像や言葉が目に飛びこむが、それぞれに動画までリンクづけされていて、素人でも簡単にシステムが理解できるようになっていた。

それなりの快感を求めるなら、相場は二時間三万円ほど。普通のマッサージやエステの二、三倍といったところだ。

コースは細かく分けられていて、デートやお泊まりまでできる仕組み。料金一覧表が生々しい。

確かに、レンタル彼女や、レンタル彼氏もはまっている人が多いと聞くから、セックス以外で満たされたいという需要は、意外と多いのかもしれない。

ただ、私は外で会う気はさらさらない。ベッドの上でめくるめく快感に溺れることがいちばんの目的だ。

そこに、春のキャンペーンの文字が飛びこんできた。百二十分一万円。安い。お試し価格にちょうどよい。

私は対象になるセラピストを上から順番にチェックしはじめた。男性をこんなふうに品定めするなんて、美人だけに許された特権のはずだから、お酒がおいしい。

ところが一瞬で現実に戻った。

ちょっと待って。みんな若くて細い。

この子たちに裸を見られるわけだ。そのために私はこのサイトを見ているのだが、よく考えると二十代、三十代の男の子が、母親ほどの女性を褒めちぎり、身体を触って舐めるなんて、仕事とはいえ、どれだけ大変なんだろう。

二十代のころ、会社の飲み会で必ず上司たちが酔っぱらい、下ネタで盛りあがっていたことを思い出す。

「やっぱり女を買うときは朝イチ処女だよね」

「どんな娘が出てくるか、男は常にギャンブルしているんだよ」

今の時代では考えられないお下劣発言を、私たちは「気持ち悪いおっさん」というカテゴリーにはめていたわけだが、今、まさに私が「気持ち悪いおばさん」になろうとしている。

かといって、不思議なことに、なんとなく損をするようで、同年代のセラピストを選ぼうとはまったく思わなかった。

こんな勝手な判断基準で、私は三十代後半のセラピストに焦点を当てた。十歳前後の年齢差なら、少々我慢してもらおう。これぐらいなら、お給料をもらってるでしょ、と強気になれるかもしれない。

未知の世界への好奇心だけだった私は、このときは余裕があった。それが、あんなふうになるなんて……。

写真とともに添えられた自己紹介文もかなり重要だ。お店のコメントもにそれぞれの個性がきっちり描写されていて、読んでいると楽しくてあっという間に時間が過ぎた。

そんななか、私の目に飛びこんできた三十七歳の京介《きょうすけ》さん。入店して一カ月。写真がチャラくない。お店のコメントにも、まじめで誠実だと書いている。

この期間で何人の客を相手にしたのかわからないが、きっと十人ぐらいなのかなと思った。

ふだん、なにかにつけてアラ探しばかりする私が、いい感じだと思ったセラピスト。ほかのセラピストを物色するのはやめにする。早く予約をしないと埋まってしまうと、焦りはじめたのだ。

この時点で、客がわはセラピストへ一方的に片思いが始まっているのだと思う。選んだ男性に気に入られたいと、女の自尊心に簡単に火がつくのだ。

いよいよ予約フォームへ。ネットショッピングとはわけが違う。誰も見ていないのに、緊張して落ち着かない。どこまでの個人情報がさらされるのか、偽名や適当な情報でも予約ができてしまうのか、ドキドキが止まらない。

とはいっても、嘘がばれたら脅迫でもされるのではないかと、結局私は自分の名前や電話番号を入力し、希望セラピストに京介さんの名前を打ちこんだ。

……あれ、年齢欄は？

年齢、職業の入力項目がない。セラピストには、どんな女が自分を選んだのか、出会うまでわからないようだ。究極の接客業だ。

感動する私に、難問が立ちはだかる。

「性感帯はどこですか」

そんなもの知らないわよ。令和は、自分で自分の性感帯がはっきり言える時代になっているのか。

好きな相手や身体の相性がいい相手となら、性感帯にこだわらなくても充分にセックスに満足していた私は、まだまだ初心者ということになるのかな。

ところが、そんなものでは済まされない。

「NGはありますか」

いったい、なにをされるのやら……。

これも簡単に答えが見つからない。

とりあえず私はなにも希望せず、最低限の情報だけを入力した。

ホテルは指定されたラブホテルから選ぶようだ。会社から車で三十分ほどのホテルを選択し、最後の自問自答をした。

「する？　しない？」

気がつけば、日付が変わろうとしていた。悪友の期待もある。尻ごみしている場合ではない。

「ええい」

私はエンターキーに力をこめた。

すぐにお店から予約の確認メールが届いた。また違った緊張感を覚える。現実の世界なのに、そうでないような不思議な感覚。私は利用規約に目を通した。

本番はNG、キスやフェラはオプション……いろいろとおもしろい規定があるものだ。境界線は挿入のあるなしだけのようである。

明日の今ごろには、もうことは終わっている……。

そんなことを考えると、まるで子供の頃の遠足前夜のような、大事な仕事を控えた前夜のような、落ち着かない夜になっていた。

案の定眠りは浅く、疲れは取れていない。それでもいつもより目覚めはいい。

「今日、遅くなるから夜ご飯どこかで済ませて」

「おう」

スマートフォンをいじる旦那を見ても、罪悪感はまるでない。自分の高揚感を抑えるほうが、よっぽど難しいからだ。

仕事が始まっても、その気持ちは変わらなかった。あと数時間後のことばかり気になり、いつもより口調も穏やかになる。

すると、お昼前に、指名した京介さんからメッセージが届いた。

〈今日はよろしくお願いします〉

思わず叫びそうになった。こんなにも緊張を煽る定型文が、今までにあっただろうか。どんどん顔はにやけはじめるのに、緊張で胸が苦しくなる。そして激しい罪悪感が溢れ出す。

どうしよう、私ひとまわり上……。

なるべくシンプルな文章にし、絵文字も使わず返信を送った。そうすれば、京介さんに年上だと察してもらえそうな気がした。

予定はホテルに二十一時。私は二十時には入室し、京介さんを待とうと思っていた。お店にも、予定に変更がないかを伝えなければいけない。私は十九時に最終確認のメールを送り、覚悟を決めた。ところが急に忙しくなり、遅刻するかもしれないピンチに見舞われた。

——すみません、到着がぎりぎりになります。

——大丈夫ですよ。

そんなやり取りですら、まるでつき合いたての彼に送っているような錯覚を起こす。完全に気持ちが舞いあがっているのだ。

結局、ホテルには五紛前に到着した。車の中から京介さんが、焦る私を見ていたかもしれない。

ラブホテルにひとりで入るのも初体験だ。自動ドアから一歩廊下に足を踏み入れただけで、タバコの臭いが鼻につく。昭和のモーテルのようなパネルから、二〇三号室を選んで入室した。

京介さんにメッセージをを送る。

――二〇三号室です。

――かしこまりました。

背徳感が私を乱す。

どこに座るべきか、歯磨きをしておくべきか、テレビはつけてもいいものか……。

ありとあらゆることが気になり、もうパニックぎみだ。

ピンポーン。

「はい」

ついにきた。このドアの向こうに京介さんがいる。

私は、その瞬間、なにを言ったのかは覚えていない。

「初めまして、京介です」

「はい」

ドアの向こうには、感じのいい男性が立っていた。スーツ姿で、グレーのマスク。髪をかっちりセットした「ザ・好青年」なのだ。

よかった。写真そのままのセラピストだと思った。そして、想像以上に緊張が解けないことがわかった。この現象が、はまっていく大きな要因のひとつだ。

「あのぉ……本当に私、こういうのが初めてで」

「僕もまだ慣れていないので、緊張しています」

目を合わせることはとうていできない。ラブホテルにいるとは思えないほど、まるで取引先の業者さんと名刺交換をしているかのように、お互いが立ったまま敬語で挨拶を交わす。

もう、マッサージなんてどうでもよかった。こうして話をしているだけで、彼氏といるような気分だ。

ところが、京介さんには仕事だ。マニュアルどおりに進めなければいけない。

「どうしましょう」

そんなことを何度も言いながら、ふたりでこれからの流れを確認し合う。

私は、部屋の照明だけを暗くしてほしいとリクエストした。隣の京介さんも緊張しているのが伝わる。いい人オーラも伝わってきて、ますます私は罪悪感で追いつめられていた。

もう今日は無理だ。緊張が溶けることはないだろう。こんな年上で本当にごめんなさい。

何度か利用したら「お金を払ったぶん、サービスしてよ」と思えるのかもしれない。そうなるまでに何度利用して、いくら必要になるのだろう。

「始めましょうか」

「……はい」

私は用意していたお金を支払った。支払うという行為が、この雰囲気を事務的に変えると期待していたのだが、無理だった。

京介さんはセッティングがあるようで、私に少しだけ待つように言うと、慌ただしく動きはじめた。

湯船にお湯が張られ、歯ブラシやら、ヘアゴムまでもが開封されてすぐに使えるよう準備がされている。

「どうぞ、シャワーを」

洋服を脱ぐときが来た。洗面台の狭いスペースでだらしのない身体をさらけ出す。下着の痕がくっきり肌に刻まれ、自分の身体に嫌悪感を覚えた。

よくこんな身体を、若い男に触ってもらおうと思ったよなぁ……。

鏡の中の自分に苦笑いを浮かべたが、向こうでは京介さんが待っているのだ。

どれぐらい湯船に浸《つ》かっていいのかもわからず、早めに済ませると、備えつけのぺらぺらの部屋着を身につけた。

下着はつけないでと言われたが、この薄い布一枚が身体のラインをくっきりと映し出し、裸よりも屈辱的で恥ずかしい。

「じゃあ、僕もシャワーを浴びてきます」

いやらしい。本当にお金で疑似恋愛を買った実感が湧いてきた。

部屋はちょうどよい薄暗さになり、ＢＧＭがメロウなリズム＆ブルースに変わっていた。その音楽だけで、妖艶さが増す。

私はほんのり汗ばんでいた。シャワーの音が止まったせいで、私の鼓動が速くなる。

ついに、性感マッサージへのカウントダウンが始まった。

「お待たせしました」

京介さんが出てきた。同じ薄い部屋着をつけているが、歩くとちらっと見える太ももは、明らかに若い男の太ももで、いっさい無駄な贅肉《ぜいにく》のないきれいでなラインを見せつけていた。

当たり前の現実がこうして積み重なると、自分の身体の醜さが目立つ。

「じゃあ、横になってください。まずは普通のマッサージから始めますね」

「……はい」

言われたとおり、私はベッドにうつ伏せになった。

すっとお尻のラインのぎりぎりまで部屋着がまくられた。それがスタートの合図だった。

「強かったら、言ってください」

ついに京介さんの手が、私の素肌に触れた。足首からふくらはぎ、太ももへとゆっくりゆっくり揉みあげる。これはいわゆる普通のマッサージだ。むくみやすい私には、これだけでも心地よい。

京介さんの視界には、どこまで映りこんでいるのだろう。むちむちの太ももの奥に、縮れ毛に覆われた秘部が露《あらわ》になっているかもしれない。お願い、見ないでと必死で祈る。

血行がよくなったからか、この状況に慣れないせいか、私は火照りはじめた。

「ちょっと、暑いです」

私の声は小さく弱い。そして、まだため口にもなれない。緊張はますます加速し、全身がこわばりはじめていた。こんな状況で筋肉がほぐれるわけがない。

ふと、私は濡れるかが気になった。四十五歳を過ぎたころから、それなりに感じてはいても明らかに愛液の量が減っている。今では潤滑油は必需品だ。

でも今、私が受けているのは性感マッサージ。京介さんのテクニックを、私が身体で証明しなくてはいけないのだ。

まずい。こんな不安を抱えていたら、濡れるわけがない。

京介さん、ごめんね……。

勃《た》ちの悪くなってきたセフレの気持ちが、少しわかった気がした。

「これ、脱ぎましょう」

京介さんが、薄い布をやさしく剝ぎ取った。私はもう逃げられない。

ペンギンのような体形で、私は寝転がっている。肌の黒ずみ、ぶよぶよのおなかまわり、しょぼんとした張りのない乳房、そして平べったくなったお尻……。

若い頃からスポーツでもして身体を鍛えておくべきだったと本気で後悔する。なにかひとつでも美魔女要素があればアピールするのに、そんなものはない。ただ京介さんに、ありのままを委ねるしかないのだ。

「アイマスクしますか」

ホテルにアイマスクが用意されていた。あまりにも集中できない私を見かねたのだろう。

「ありがとうございます」

開きなおるチャンスかもしれない。ゆっくりアイマスクで目を覆うと、ほんの少しだけ京介さんと近づいてもいいような気になった。

手をからめて上半身を起こす。すると突然、京介さんの唇が、ぽってりとした私の唇に覆いかぶさった。

最高のタイミング。そして甘いキス。京介さんのキスは元カレの誰かのキスと似ていた。きっと京介さんのカノジョはキスが好きに違いない。チュッ、チュッと小鳥がつついているようなかわいいキスを浴びつづける。

ところが、そこから完全に私は余裕がなくなった。

「パウダーでマッサージをしますね」

……ああ！

ついに快楽の扉が開く。全神経を秘部に集中させ、京介さんの指を待ちつづける。

京介さんが部屋着を脱ぎ、ボクサーパンツ姿になった気配を感じた。

研ぎすまされた感覚のせいなのか、パウダーが肌にふりかかるだけで全身がぞくぞく騒ぐ。

「あぁぁ、あぁ」

絶妙なフェザータッチ。触れるか触れないかの究極のマッサージ。ほんの三往復ほど京介さんが両脚に手を這わせただけで、自然と声が漏れていた。

あんなに緊張していると言いつづけていたのに、きっちりと感じている。

「久しぶりの風俗なのにさ、タイプじゃない女が出てきたんで参ったよ」

と言いつつ、勃起する男の気持ちがわかった。必死で平静を装っても、反応してしまったら、負けは負けなのだ。

しつこく焦らす京介さんの手が、ふわっと私の秘部を通りすぎる。アイマスクをしていても、じっと陰部を見られているのがわかった。

もう、早く触ってほしい。お願い、舐めて。

すると、ついに京介さんの舌が秘部に侵入した。ちろちろと円を描き、刺激を与える。私はいつもより濡れているようだ。それがうれしくて、少しずつ身体の力も抜けていく。

くすぐったいような、ぞわぞわした感覚がお尻にまで響く。こんなクンニリングスは初めてだ。その心地よさにうっとりしていると、京介さんがほんの少しスピードをあげた。

「うっ、あぁん、すごい」

肉芽を舌で弄ばれ、私の身体がリズミカルに動きはじめた。空を泳いだらこんな感じかなと思うほど、ふわふわ浮きあがる快感。

指先で丁寧に転がされると、イッてしまったかのようにひくつく。私がパイパンだったら、もっと深い刺激が伝わり、獣のように欲情していた気がした。

すると、そのまま仰向けにされ、脇腹から京介さんの手が這いまわりはじめた。

「んんっ、はぁん」

やさしく舌で乳首を弄ばれるとたまらなくなり、思わず京介さんの背中に手をまわし、しがみつく。

強く抱きしめられ、すべすべの素肌にうっとりしながら、舌と唇のいやらしさに悶《もだ》えてしまう。

そのとき、私は太ももに違和感を覚えた。

京介さんのモノが硬くなっている……奇跡だ！　信じられなかった。きっと神様が、私が傷つかないように力をくれたのだ。こんな私に勃起しているなんて、精神統一で奮い立たせたのなら、プロ意識の高さを褒めたい。

このうれしいサプライズに、しっかり京介さんのモノを記憶をしておこうと、私は思わずボクサーパンツの上から撫でてみた。

シルクのパンツのおかげで、右曲がりで長いモノがはっきりとわかる。じかに触りたいけれど、ふと規約が頭によぎる。

蛇の生殺しとは、こういうときに使う言葉だ。このまま挿《い》れられたら、きっと感涙ものである。

「バイブ、使いますね」

研修の成果なのか、もともとの京介さんの天性ものなのか、タイミングのよさは抜群だった。

愛用のバイブよりワンサイズ小さめのバイブが、ゆっくり私の中に入ると、ぴったりとフィットし、小刻みに快楽を与えつづける。

「ああ、だめ、だめ」

雄叫《おたけ》びをあげるというよりは、快感に陶酔している状態がずっと続いている感覚が私を包んでいた。

挿入なしでも、女性が確実にはまるわけだ。

無理な体勢で強制のフェラもなく、ひたすら自分が気持ちいい時間を、自分が選んだプロから与えられる。言葉も吐息も抜群のタイミングで浴びせられる。

気づけば、終了時間が迫っていた。二時間なんて、驚くほど早いのだ。

「どうでしたか」

「とてもよかったです」

腕枕で京介さんの鼓動を感じる。温かい脚をからめながら、まるで情事のあとの恋人同士のような時間に酔いしれる。二時間前までは赤の他人だったのに、こうして肌と肌が触れ合うことで、疑似恋愛感が跳ねあがるのだと思った。

「そろそろ時間ですね」

放心状態の私に、京介さんがやさしく声をかけてくれた。身支度をするのが決まりが悪い。洋服を着ることで、現実に戻りなさいと言われている気がするのだ。

立ちあがり、不自然に歩きまわる私の背後で、京介さんも仕事を終える準備をしている。私はホテル代を払うと、ことが終わったのだと実感し、妙に無口になっていた。

部屋を出て、ふたりで廊下を歩く。京介さんは私の手を握ってくれた。それは、かなりビジネス感が出ていたが、最高のサービスだと思う。もう少しいっしょにいたい、また会いたいと思わせることで、客の満足度は大きく変わる。

「また、お願いするね」

「待ってます」

京介さんはふかぶかとお辞儀をして、私は胸もとで小さく手を振って別れた。

車のエンジンをかけ、京介さんをドアミラーで見ながら、先に駐車場を出る。

風俗、最高じゃん！

私は思わず、大声で叫びたくなった。

こんな素敵な時間が買えるのなら、もっと若い頃に体験すべきだった。若いというだけで許されたあの頃なら、きっと楽しみかたも変わったはずだ。

家に着くと、リビングのソファでテレビをつけたまま、旦那がいびきをかいて寝ていた。

「ただいま、私、最高の風俗デビューをしてきたわ」と報告したいけれど、できるはずもない。

すると、見てたのかというタイミングで京介さんからメッセージが届いた。

——今日はありがとうございました。

ありがとうだなんて、私の台詞《せりふ》だ。このお礼メッセージまでが仕事の流れなのだろう。それでもいい。

私は、印象が悪くならないよう、言葉を選んで無難な返信を送った。

「おう、帰ってたのか」

「ごめん、起こした?」

「いいよ、布団行くから」

リビングをあとにする旦那のうしろ姿は、往年のレスラーのようだ。ゴムの伸びたスウェットに、インされたTシャツ。私の日常がここにある。

あの人と最後にセックスしたときは、お決まりの前戯をちょろっとして、すぐに挿入。いつものようにイクふりをして、トータル十五分ほどで終わったっけ……。

そんな昔のことを思いながら、夢のような京介さんとの時間を身体にすりこんでいた。

翌日、すこぶる機嫌のよい私へ、ひっきりなしに悪友たちからメッセージが届く。質問はただひとつ。どんなエクスタシーを味わうことができたのか。

——すべてが最高だった。

こんなひとことで、誰も納得するわけがない。三日後にいつものカフェで、私は容赦ない質問攻めにあった。

「どんなフィンガーテクだったの？」

「潮噴きさせてくれたの？」

「中イキの感覚は？」

「写真と顔は違ったの？」

訊《き》きたいのはよくわかる。ところが、私の記憶が曖昧なので答えられない。

「だから、本当によかったとしか言えないのよ」

「報告する約束だったじゃん」

「やさしくて、お姫様扱いしてくれて、きゅんきゅんしたけど、緊張して目も合わせられなかったから」

「小娘が言うならわかるけど、もうすぐ五十路《いそじ》のアンタがなにを言ってんの」

そのとおりだ。だけど私は、京介さんの顔も、体形も本当に思い出せないのだ。

「ただただ至福の時間だったわけよ」

「で、そのあと、連絡取り合ってんの」

「まさか、しつこいババアだと思われたら、いやだもん」

信じられないと、みなが私を見つめていた。

ホストクラブで、自分の担当をナンバーワンにしたい感覚だろうか。競走馬を育てる馬主はこんな感じだろうか。

「だめだ、もうはまってんじゃん。一カ月以内にリピートすると思う人」

「賭けてもいいわ。この調子だと二週間以内よ」

二度目がポイントなのだろう。一度目の感想が曖昧な女がリピートをする。二度も会うと他人の気がしなくなる。もっと会いたくなり、利用頻度が狭くなる。

もちろんこれは一方的な感情だ。セラピストは、こんな女を何人も上手にまわしていかなければならない。それもわかっている。

「ねえ、次はほかのセラピストにしたら」

悪友のひとりが言った。

それもありなのかもしれない。風俗とのよいつき合いかたを模索する、忙しい日々がしばらく続きそうだ。

禁断のデザイア

秋田県・主婦・五十七歳

転勤族の夫と結婚して一年。東京郊外のN市に住んでいた頃の話です。

当時の私の楽しみは、近所にあったカラオケ喫茶に通うことでした。

お店は商店街の端にこぢんまりと佇《たたず》んでいて、安くておいしいランチが食べられるうえにカラオケが歌い放題だったので、私はすぐに常連になりました。

お店は五十代くらいのマスターがひとりで切り盛りしていましたが、物腰がやわらかく、話し上手、聞き上手だったので、いつも常連客がたまってました。

その常連さんたちも、楽しくて気さくな方ばかりで、あっという間に知り合いが増えていきます。

そのお店のユニークなところは、お客同士が得意な持ち歌の歌手名で呼び合っていたことで、私は中森明菜《なかもりあきな》の「DESIRE－情熱－」が得意だったので、アキナと呼ばれていました。

そして、お客同士のカラオケ大会の締めは毎回、元歌手だったマスターのワンマンショー。元プロだけあって、抜群の歌唱力と醸し出すフェロモン、それに昭和のホストっぽいイケメンのマスターには女性ファンもいっぱい。地主未亡人のひばりさんや不動産屋社長の吹雪《ふぶき》さんは、よく黄色い声をあげ、オヒネリを投げていたものです。

そんなある日、夫の風俗行きが発覚したことで大喧嘩になり、私は勢いで家を飛び出し、あてどなく夜の街を彷徨《さまよ》ったすえ、いつものお店にたどり着きました。

「おや。アキナちゃんがこんな遅くに現れるなんて、珍しいこともあるもんだね」

変わらぬ笑顔で迎えてくれたマスターに、いつもなら頼まない強いお酒を注文。たまたまほかにお客がいなかったこともあって、泣きながら愚痴をこぼしたのでした。

「そりゃ、旦那さんが悪いよ。まだ結婚して一年目なのに、かわいい奥さんほっといて風俗なんてイカンだろ。もっと大事にしなくちゃな、ってバツイチの俺が言っても説得力ないけど」

いつも以上にやさしく慰めてくれます。

「ありがとうございます、マスター。おかげで少しスッキリしました。それにしても、今日は誰も来てないんですね」

「ああ、今日は町内会の旅行なんで、みんなそっちに行っちゃってさ。アキナちゃんもこの前、若大将に誘われてたよね」

ああ、そういえば……と思い出しました。その若大将は、もう七十すぎなのに、酒が入るとこっそり触ってくるスケベ爺《じじ》いだったので断ったのです。

「まあ、平均年齢の高い集まりだから、気が進まないよね。じゃ、今夜は俺とアキナちゃんのダブル・オン・ステージで楽しもう」

早々に閉店の看板を出し、ふたりで思いきり歌いまくりました。

どのくらい時間が経《た》った頃でしょう。さすがに疲れてソファに座りこみ、マスター秘蔵のシャンパンを飲んでいると、

「アキナの声は色っぽいね。おじさんには刺激が強すぎるよ」

なんて、マスターが言いはじめました。

「うふふ、お世辞でもうれしいです」

「お世辞じゃないよ。声もいいけど、表情もいい。まるでイクときみたいな顔するか

らドキドキしちゃうよ」

「あら、私としたことないのに、なぜそう思うの？」

「そりゃあ、年の功って、もんだよ」

マスターは照れ笑いしながらごまかします。

その表情を見ていたら、なんだかイタズラ心が湧いちゃって、

「じゃあ、これから確かめてみません？」

と、マスターの顔をのぞきこみました。

「アキナ、大人をからかうんじゃないよ」

「あら、言い出したのはマスターでしょ」

「飲みすぎちゃったね。すまなかった。いい子だから、今夜はもう帰りなさい」

マスターがそう言うので、私は思わず、

「いや。帰りたくないの。私を裏切った男の顔なんか見たくないもん！」

と叫んで、マスターに抱きつき、子供のように泣きじゃくってしまいました。

その間、マスターはやさしく頭を撫でてくれていましたが、私がやっと落ち着いて
顔を上げたとき、どちらともなく唇を重ね合ってしまったのです。

しばらく激しいキスを繰り返したあと、

「アキナ、おいで」

マスターは私の手を引いて、お店の二階にある部屋に連れて行きました。

男性のひとり暮らしにしてはこぎれいに片づいた部屋で、ふたたび抱き合います。

ディープキスをしながら、マスターは私のシャツのボタンをはずしてブラの中に手を入れてきました。

乳房をクニュクニュと揉みながら、乳首をコリコリと摘みます。

「あ……」

思わず私が仰《の》け反ると、すかさず両手でブラの肩ひもを下ろし、跪いて乳首を吸いました。

「あっ、ああん」

快感に膝が崩れ落ちそうになりながらマスターの頭にしがみつくと、さらに乳首をチュパチュパと音を立てて吸いたててきます。

舌先で乳輪のまわりをなぞり、硬くなった乳首を痛くなる手前の絶妙な力加減で小刻みに嚙むのです。

おざなりに吸うだけの夫の愛撫とは大違いです。

「はぁん、マスター、ダメよ、私、もう……」

「やっぱり、アキナは感度がいいな」

そう言うと、マスターは私を軽々と抱きあげてベッドに運び、はいていたジーンズとショーツを一気に剝ぎ取りました。

そして自分も全裸になると、わざわざルームランプを明るくしてから、私の体をまじまじと眺めます。

「おお、熟れはじめたいちばんいい時期の体だ、これからどんどんフェロモンを発散させて男を惑わせるんだろうな」

いきなり私の両足をつかんでグイッとM字に押しひろげ、股間に顔を埋めこんできたのです。

「ああん、いやよ、マスター、シャワー浴びてないのに。お願いやめて!」

必死に叫んだのですが、マスターは大きな息づかいで私のアソコの匂いをスーハーと嗅ぎまくり、

「ああ、メスの匂いが充満している。アキナは天性の魔性の女だな」

と言いながら、先ほど乳首にしたように舌先でクリトリスをチロチロと舐めはじめました。

「いやっ！　ダメぇ！　やめてってばぁ！」

必死で抵抗しますが、太ももをがっちりと押さえられているし、酔いも残っているので、思うように動けません。

私は恥ずかしさとともに初めて味わう刺激に頭の中が混乱していきます。

「ひやぁ、ああんっ、お願い、許してぇ！」

「そうはいっても、君のオマ×コからはどんどん熱いお汁《つゆ》が溢れ出てきてるよ」

「ああ……そんな……」

あまりの恥ずかしさに身をよじると、マスターが今度は膣の入口をぴちゃぴちゃと舐めながら、ときおりジュルッと、わざと大きな音を立てて私の愛液を吸います。

「あぁぁ」

「ほうら、まだまだ湧き出してくるよ。もしかして、ご無沙汰だったかい。かわいそうに、こんなに感度抜群で、よい声で泣くのに……」

そう言われて、確かにしばらくレスだった私は、思わず両手で顔を覆ってしまいました。

「ごめん、辱めるつもりじゃなかったんだ、でも本当にアキナは素敵だよ。開発されれば、もっといい女になる。それで旦那を見返してやろうよ。そのために今からとっておきの秘技を使ってあげるからね」

そう言うと、マスターは私の両足を自分の肩にかけ、腰を胡坐《あぐら》の上に置くと、クリトリスを舌先で弄びながら指を膣の中にクチュッと挿入させてきました。

「ああん」

ぬるりと入ってきた長い指は、最初ゆっくりと出入りを繰り返していましたが、そのうちに中でまさぐるような動きをして、やがて膣内の天井中ほどに差しかかると、狙いを定めたように細かい上下振動で刺激してきました。

「くっ！」

その刺激で、さらにどんどん愛液と快感が溢れ出すのがわかりました。

するとマスターは、同時に左の親指でクリトリスの上部分を軽く押さえながら、ふたたび舌先で小刻みに舐めはじめます。

「あ、あぁっ！」

突然、今までの快感を全部ひっくるめたような強烈な刺激が全身を襲いました。

「なに。なに、これ。ああ、ああ、こんなの、こんなの初めて。死んじゃう。私死んじゃうぅ。ああ！」

パニック状態で体を仰け反らせた瞬間、ふっと意識が遠のいて「あ、あ、ああ」と、力なくあえいで、脱力していったのです。

体が軽く痺《しび》れたような、なんとも心地よい感覚に浸っていると、マスターがぎゅっと私を抱きしめて、

「なんてかわいいんだ。アキナ、最高だったよ」

熱いキスをしてくれました。

「私、さっき頭おかしくなっちゃったみたいだったの……あれ、なんだったんだろう？」

「それがイクってこと、オーガズムだよ。歌っているときより、ずっと妖艶できれいでだったぞ、って……もしかして初めてだったのかい？」

「ええ……」

こくんとうなずくと、マスターはうれしそうに微笑《ほほえ》んで、

「じゃあ、俺がアキナを女に開眼させたんだな。こりゃ処女をいただくより名誉なこ

とだ」

と言うと、

「今まだ体が熱いうちにもっと本格的に開発していくからね、ほら」

ふたたび私の足をひろげると、まだ濡れそぼっている私の中にグイッと挿入してきたのです。

「あっ！」

するりと入ってきたそれは、年齢のわりに硬く、そして大きくて……。

動くたびにまた快感が沸きあがってきました。

「あはん、ああん、マスター、すごい……もっと、もっと突いてぇ！」

すっかり快感に身を委ね、私はマスターに足までからませて、ぎゅっと抱きついていました。

「はぁん、ダメぇ、またイッちゃううぅ！」

そう絶叫しながら、私はふたたびイッてしまいました。

「うっ、ううぅ……」

マスターの腰のピッチが急に速くなります。

「感度よすぎだろう。イクときにオマ×コがキュッキュって締まるから、俺も思わずイッちゃったじゃないか」

たっぷり精液の入ったコンドームを、マスターがうれしそうに見せました。

「濡れすぎて、オマ×コがグショグショだな。いったん休憩するか」

マスターは私を風呂場へ連れて行き、シャワーでやさしく全身を洗い流してくれました。

そしてもちろん、アソコは特に念入りに……。

でも、シャワーが当たるたびにクリトリスが刺激され、ピクッとしてしまうのです。不思議です。今まではこんなことなかったのに……。

「ああ、敏感になったままだったな。じつはさっきクリちゃんの皮を剝《む》いてみたんだ。アキナのは男でいう仮性包茎状態だったから」

「えっ、そうだったの？」

「だから、今までイッたことがなかったのかもな。チ×チンと同じで、クリちゃんも刺激を与えれば勃起するからね。まあ、落ち着いたら、また皮かぶってもとに戻るけど……」

そう言うと、マスターはひざまずいて、ふたたび私の股間に顔を埋《うず》め、クリトリスをぺろぺろと舐めはじめたのでした。

明け方に帰宅し、もう旦那のことなんてどうでもよくなっていた私は、旦那がおとなしく謝ってきたこともあって水に流した一方、そのあとも旦那の出張時にはこっそりマスターと逢《あ》い、甘く刺激的な関係を続けていました。

でもそのあと、マスターがほかの女性客とも関係を持っていたことが判明したのです。特にお金持ちのひばりさんと吹雪さんはパトロンであり、四十代バツイチのモモエさんはかいがいしく身のまわりの世話をしていたとのこと。

道理で、この三人の私を見る目が、心なしかきつかったわけです。

しかもマスターは、新しく常連になった十九歳フリーターのアユちゃんに夢中になり、あからさまに贔屓《ひいき》しはじめたので、ついに女性陣の怒りが爆発！

ひばりさんと吹雪さんからは援助を打ち切られ、モモエさんはストーカー化してマスターやアユちゃんにいやがらせを繰り返したせいで、とうとうマスターは夜逃げをしてしまいました。

ま、要するにダメ人間だったわけですが、憎めないところもあったし、なにより私を女として目覚めさせてくれたので、憎しみよりも楽しかった思い出のほうが多かったよねと、やはりマスターと割りきって関係を持っていたセイコさんと、二十年たった今でも、ときどき連絡を取っては懐かしく語り合っています。

ウシロ、好き?

神奈川県・会社員・四十八歳

「電車から降りる客が多いな。そうかぁ、もう出勤時間だ」

「そんなこと考えてないで、ちゃんとエッチしてよ」

振り向きながら、京子が口をとがらせた。

だが、その顔は心地よさで上気し、こちらに向けた剝《む》き出しの尻を、催促するように揺らしている。

高層ホテルの最上階に近い一室。その窓は、北海道でいちばん乗降客の多い駅のホームを見下ろす位置に向いている。

スーツ姿、学生服、カジュアルな若者たち、たくさんの人々が停まった電車から流れ出してゆく。

視線を変えて収まるべきところに収まった、私の分身を見た。静脈がふくれあがった肉幹は、京子《きょうこ》の愛液で濡れ光り、抜き差しを続けている。

子供を産んでから緩んだと告白した京子の元産道は、確かに締りが弱い。だが、そのおかげで早漏ぎみの私は、ほどよく長い時間、セックスが楽しめる。

四十歳をすぎた不倫の男女が、朝から真っ裸で、ハメ殺しのガラス窓から外を眺めながらの立ちバックだ。

この淫乱さと背徳感。それらが男女の交合をさらに心地よくしている。

京子よりほんの少し若い私は言葉を発せずに、強弱をつけてピストンする。

「ああん、ああん」

最奥の肉丘を肉幹の先が突くたびに、京子が喘ぎ声を発する。それも大声で。彼女もノッてきた。ゆるゆるな肉壁がピクピクと反応している。

思わず、いつもより締まっているよ、と口に出そうになった。

間断なく打ちこんでいると、その快感に耐えかねたのか、

「ねえ、もっと早く動いて」

京子が下を向いたまま、甘え声で訴えた。

いまから四年前、仕事で札幌市の隣町に行っていた。全国どこへでも行くが、ここがいちばん多い。まだ二月なのに、その年はすでに三回目だった。

私はカーテンウォールのメーカーで営業を担当。カーテンウォールとはビルの外壁となる合金でできた板のことだ。当然、主な顧客は建設会社である。

基本、経費削減のため単独出張で、来たからには最低三社はまわる。ただし得意先まわりを日に一社としているのは、夜が接待になるからだ。営業力とともに酒に強くなくては、この商売はできない。接待相手は部長クラス以上。ほとんどの場合、一対一の対応だ。

その日の営業先は某建設会社だった。対応するのは社長だが、建築業界では珍しい女社長だ。そして、今夜の接待相手もまた彼女だった。

女社長をしているぐらいだから、酒の飲み方は男並み。性格はさっぱりしていて、そのうえ和風美人ときている。

午後三時から始まった打ち合わせは、夕方五時に終わった。話はトントン拍子に決まり、その場で契約を交わした。

ホクホク顔で私は、定宿している札幌駅に近い高層ホテルに戻った。

女社長とは、以前、彼女が紹介してくれたダイニングバーで二十時の待ち合わせになっている。予約を入れてくれたらしく、席はリザーブしてあると耳もとで囁《ささや》かれた。

「今夜はゆっくりしましょ。寝させないわよ」

そう口にして微笑《ほほえ》んだ。そのときの声は冗談とはいえ、ぞっとするほど艶っぽかった。

軽くシャワーを浴び、身体を温める。私はモテるタイプではないが、大学時代に落研にいたせいか、話だけはうまい。

そんなところが気に入られたようで、近頃はこちらから誘わなくても、彼女から先に声をかけてくる。その年は初めてだったが、前年は四回飲みに行っていた。

「お互い独身じゃないから、なんだか不倫してるみたいで、おもしろいわね」

初回に女社長からそう言われた。

彼女の夫は別会社の社長をしていて、ふだんは都内の本社にいるらしい。子供はふたり。ともに東京の大学に合格し、下宿している。

前回飲んだとき、家の男連中は全員単身赴任と、彼女が笑っていた。

そろそろ店に行く時間だ。ホテルを出ると夜空に雪が舞っていた。すでに足下は真っ白。ダウンジャケットのフードをかぶり、ダイニングバーへ向かう。歩いて二十分ほど、すすきのの繁華街の中でも、札幌駅にいちばん近い一画だ。

風俗店が立ちならぶ通りの端に店がある。男性の接待でいつも使う高級ソープのネオンが遠くに見えた。

店に入り、リザーブの件を伝えるとカップル席に案内してくれた。二十時十分前、とりあえずビールを頼む。

本来は接待相手が来るまで、飲み食いは遠慮しなければならないが、女社長が、

「先に飲んでてね」

と、ひとこと告げてくれた。

素直にそれに従ったのだ。

ジョッキが半分ほどになって、女社長が現れ、椅子に座った。同時に「お疲れ様」と、互いに目で挨拶をする。

幾度目にしても超がつくほどの美人だ。昭和の女優っぽい容姿。年齢は私より三歳上の四十七歳。だが、誰が見ても私のほうが上に見えるはずだ。

そんな美人と十人並みのしがないおっさん。はたから見たら、妙な組み合わせに映

ることだろう。

彼女が、すでに頼んであったサングリアが運ばれてきた。スペインの食前酒だ。

軽くグラスを合わせて「乾杯」とささやく。

「今日はパエリアを頼んであるの。二十分はかかるから、その間は飲むしかないわ」

「それはうれしいですね。今夜は社長を口説こうと思ってたので」

もちろん、ジョークだ。ふたりの間に敷居があるとすると、恐ろしく高い。

北海道の話題が続き、女社長が生まれも育ちも札幌だとわかった。道内一の大学へ入学し、建築を専攻していたそうだ。

「私は落研でした」

と言うと、

「どうりで」

と答える女社長。

その言葉をよい方向に判断し、笑顔でうなずいた。

ボーイがソーセージの盛り合わせとサラダをテーブルに置いた。六本の色とりどりな、太めのフランクフルトが並んでいる。

どう見てもペニスにしか思えない、つやつやしたピンク肌のものが一本あった。それを無言で美人社長がフォークで突き刺し、私自身と同サイズのまるい先端を含んで嚙み切った。

じっと見つめるのは失礼だと視線を落とし、サラダを皿にとった。

「あれ、おいしいのに、ソーセージ食べないの？」

まさか痛そうとは言えないので、

「先にサラダで胃を準備させないと、いきなり食べたら、おいしすぎて驚くかもしれません」

と、真顔で返答した。

それからできたてのパエリアを食べながら、冗談を言い合った。会話の中で相手が耐えられるギリギリの内容を口にするのが、私の特技。きわどい下ネタを巧みに紛らわせる。案の定、美人社長の笑みがとまらない。

二軒目は寿司屋にした。地下一階にある、地元で有名な店で、ここも女社長がおさえていた。

カウンターだけの小さい店。そこに肩が触れ合うほど近づいて座って、刺身を肴《さかな》に熱燗《あつかん》を飲む。フワッと身体が軽くなった気がした。口調がさらに鋭くなり、美人社長もご機嫌だった。

そこで一時間ほど飲み、店を出てふたりで階段をのぼる。外はふぶいていた。通りにはタクシーがいない。

大通りに出るつもりで足を向けると、袖を引かれた。

「もう一軒行きましょ」

「ええ、お店はどこにします？」

破顔で返す。

「いつものホテルに泊まっているんでしょ？」

「ええ」とうなずくと、美人社長は腕を組んできて、ホテル方向に歩きはじめた。強い風に背中を押される。寒いけれど、楽だ。

「部屋に案内して」

ホテルに着くとそう言われ、フロント方向へ押し出された。

てっきり最上階にあるバーだと思っていたのに、部屋で飲むということか……。

そのことにやっと気づいた。鍵を受け取ると、エレベータで二十八階にのぼり、部屋のドアをあける。

「わあ、きれいねぇ」

はしゃいだ声をあげ、美人社長が窓へ走った。

夜景を眺めながらロングコートを脱ぎ、ワンピースの上に着ていた毛足の長いカーディガンも脱いだ。

真っ白な膝丈のワンピが肌に貼りついている。背中をこちらに向けているから、ヒップのラインがクッキリと見えている。

スタイルがよいのはわかっていたが、腰高の尻がキュッと微笑んでいる。艶っぽい。

「ビールしかないですけど飲みますか?」

美人社長はそれに尻を振って応えた。

見事だ。上手だし、超エロい。

冷蔵庫の缶ビールを二個手にして、窓下の桟に座った社長へわたした。

「ありがと、カンパイ」

と、缶を寄せてくる。

プルトップを引いたばかりだ。そっと近づけると、社長は妙に強く当ててきた。中のビールが跳ねあがった。白いワンピに降りかかり、淡い色がひろがる。

「すみません」

「いいのよ。悪いのは私だから」

社長はそう言い残し、バスルームに入っていった。

そして、しばらくすると社長がバスローブ姿で近づいてきた。

素足だ。胸もとを見る限り、下は下着だけのようだ。やばい。緊張してきた。

「いま、服を洗ったから、乾くまでいさせてね」

「あっ、はい」

言葉に感情が表れないようにするだけで、やっとだ。それをごまかすために、次の缶ビールを持ってくる。

「ちょっと寒いわね。ベッドで飲みましょ」

言い終わる前に移動し、社長はベッドに身体を預けた。そして右手でベッドをたたき、私にそこへ来るように促す。

信じられない状況だ。やけに喉が渇く。座ると同時にビールを流しこんだ。

互いに枕を背当てにして、足を伸ばした。

ふと胸もとに目をやると襟ぐりがはだけていた。ブラジャーがない。ふくらみが見える。

「エッチね」

微笑みながら社長が襟もとを整えた。

「すみません。つい、目が……」

「見たいんだ?」

訊《き》きながら目が笑っている。

「ま、男だからしかたないわよね。なんと、下は全裸でした」

社長がバスローブを脱いだ。眩《まぶ》しいほど白い肌があらわになる。

……ゴクン。

私の喉が鳴った。

下半身に目をやると、なにもない。毛がないのだ。下腹部の肌がなだらかに股間に吸いこまれている。不思議な光景だ。美しすぎる。

「きれいでしょ。永久脱毛したのよ。つるっつる」

もう一度、唾を飲んだ。ズボンの股間でテントが張った。

「触ってみたいんじゃないの？」

と言うなり、私の手をつかみ、

「はい、どうぞ」

と、剝き身の肌に乗せた。それも股間にいちばん近い場所にである。

「じゃ、私はこっち」

社長の右手が伸び、あっという間に私のズボンとパンツが脱がされた。

ビンビンのペニスは下腹にくっつきそうだ。

「元気ね」

と微笑むと、右手で強くはじいてから社長は肉幹を握り、皮をゴシゴシ上下しはじめた。亀頭がパンパンになる。左の指で鈴口をナデナデしてきた。すごく気持ちいい。

社長の豊かなオッパイがブルブル震えている。太めな乳首をつまむと、一気に硬くなった。

続いて無毛の股間に指を伸ばすと、社長自ら股を開いた。縦スジを撫で下ろしていくと、湿り気たっぷりの穴が出迎えてくれた。

その夜、社長は泊っていった。そして朝起きたとたん、窓から外を眺めながらの立ちバックだ。

身体の関係ができてから、京子と呼ぶようになった。美人社長のご依頼だ。

京子とは月に一度はセックスしている。

かれこれ二年ほど経《た》ったころ、京子がうしろの穴に興味を示した。

「アナルはバージンよ。私」

と、物欲しげな表情を作った。

私が秋葉原で手に入れたアナルプラグをわたすと、京子自身で刺すようになった。

頃合を見て、ペニスを挿入してみたらたいそう喜んでいた。

「アナル、好き？」

と訊くと、

「だあぃ好き」

と答えた。

それから半年後、美人社長は夫と別れた。原因は夫の浮気相手が見つかったからだ。

もっとも、それは彼女が都内の探偵社に依頼していたのだが……。

自身も逆のことをされる前に手を打ったようだ。どっちもどっちである。

相変わらず、社長の京子が私の営業相手だ。ただ、現在はコロナ騒ぎでリモート営業となり、北海道に行くことはなくなった。

たまに「ウシロ、好き?」と京子からメールが届く。

私はそのたびに「ウシロ、だあぃ好き」と返している。

ひっかけ橋の夜

――大阪府・会社員・五十八歳

「おまえ、わやとちゃうんか。なんぼなんでも早すぎるでぇ。ちょっと飲んだだけやんか。もっと飲めや」

同僚の西村《にしむら》が手を上げ、酎ハイを追加した。

「大阪に帰ってきてんから、わいのホームグランドや。遠慮したら、あかんぞ。わかってんな」

「ああ、わかってる。俺もそのつもりだよ」

俺は相槌《あいづち》を打つだけで精いっぱい。無理してジョッキの酎ハイをあおる。

西村とは東京での新入社員研修会で妙にウマが合い、親しくなった。

おかげで大阪に来た早々、素敵な「おもてなし」を受けることになるのだが、このときの俺はまだ知るよしもない。

三十年以上も昔。俺は出身が信州の山奥で、大学は名古屋市に通っていた。当時は、タモリが名古屋弁をネタに笑いをとっていた。バカにされたと本気で怒る必要もないのだろうが、妙に気にはなったものである。

新入社員研修会では、西村は完全にネコをかぶっていたみたいだ。

「僕は大阪出身なんで、どうも東京の水は合わへんのですよ」

と、いかにも不安げだった。

顔色は浅黒く、健康そうには見えないが、筋肉質で精悍《せいかん》な感じはした。

俺が信州の田舎者だということを知ると、西村は隣の席でおおいに安心したようだった。

そのときは彼のことを気のいい、頼りなげな男だと思っていたが、偶然、ふたりとも大阪支社に配属になった。そしてその数日後、とんでもない変貌ぶりを見せつけられたのである。

いや、変貌したというわけではなく、本性をあらわしたというほうが正しいかもしれない。つまり、地元に戻って、秘めていた本領を発揮したわけだ。

「君と配属先もいっしょやったから、ほんまうれしわ。どや、今晩？」

西村が親指と人さし指で輪を作った右手を口にもっていった。

断る理由もないので、ふたりしてミナミへ繰り出すことにする。

「へえ、これがあの有名な看板かあ」

俺はすっとんきょうな声をあげてしまった。

何本も赤黒くうごめく蟹の脚がライトに映えて、俺には不気味だった。

昼間はどんよりと濁っている道頓堀《どうとんぼり》川は、陽が落ちると川面に派手なネオン看板の光を反射させて妖しく光る。

その年は四月頃からやけに蒸し暑い日が続いたが、夜の道頓堀はひんやりして過ごしやすかった。

行きかう人々が俺たちをまじまじと見て、通りすぎてゆく。

「そんなおっきな声出したら、田舎もん、まる出しやがな」

西村が苦笑した。

「ほんま、おまえ、酒弱いんやなぁ。これから俺が鍛えてやるよってに」

足をふらつかせていた俺の肩を、西村が支えた。

「よろしゅうに頼んますわ」

まねするつもりもなかったが、西村の強烈な個性と周囲の空気に合わせて俺の口からも、自然と関西弁が出た。

「そんでええねん。郷に入れば郷に従えや。ところで、このあたりのこと、なんていうか、知っとるけ？」

俺はかぶりを振った。

「あかんな、ここ知らんかったらモグリやで。ひっかけ橋いうたら、大阪一の名所やねんぞ」

すでに泥酔状態の俺には、西村の言葉も深い海の底で聞いているように、現実味がなかった。

戎橋筋《えびすばしすじ》一帯の俗称がひっかけ橋というそうで、昼夜を問わず人の波である。

「あかんのう、これからええとこやっちゅうのに」

「なにいうてんねん、俺もまだまだいけるで」

ここで引きさがっては、これから先、西村に頭があがらない気がして、俺は強がってみた。毒を食らわば皿までだ。

西村がやるなら、このまま道頓堀にでも飛びこんでやるつもりだった。

「そんな怖い顔せんでええがな。これから女たらしにいくのに、わやになるがな。もっとリラックスせんと、リラックス」

その頃の俺は夜遊びの経験も浅かったが、西村には有無をいわせない押しの強さがあった。

「わいはなグラマーな子に目がないねん。えっ、おまえもかいな。そんならわいら、ライバルやったんか」

ちょうど上田正樹《うえだまさき》の「悲しい色やね」という歌もヒットしていた頃である。旅行気分が冷めなかった俺だが、酒がほどよくまわり、頬を撫でる夜風が心地よかった。

それから西村は魔法のような話術で、あっという間にふたり連れの女をひっかけた。

彼女たちも会社が退《ひ》けたあとのようで、黒いパンツスーツ姿だ。

会ってからものの小一時間で、西村は数年来の顔見知りのようになっている。

小太りの女は美佳《みか》で、上着の下には、真夏のような薄いラメのついたブラウス。セミショートの黒髪のほっそりとしたほうはゆかりという名で、どちらも二十五歳。俺たちよりも三歳年上だった。

「もう一軒行こや」

西村のテンションは、獲物を手に入れたことでヒートアップしたようだ。

原色にキラキラ光るグリコの看板近くの雑居ビルにあった居酒屋に入り、改めて四人で宴会だ。

しばらくすると、ゆかりという女が、しょっちゅう腕時計を見はじめた。

「ゆかちゃん、時間ばっかり気にしてたら、あかんで。楽しないの？　この人らに失礼やん」

美佳も西村と同じ、こてこての大阪弁である。

「でも……」

ゆかりが美佳の腕をつついて、時計を見せた。

俺と西村に気どられないように、ふたりで顔を寄せ合っている。美佳が栗色の長い髪を、うるさそうにかきあげた。

「終電、過ぎちゃったみたい。どうしよう」

ゆかりは浮かない顔つきだが、美佳はあっけらかんとした表情をしている。

「心配せんでええよ。俺の家の近くやから、始発まで遠慮せんと寝ていったらええやん」

西村は彼女たちにそう言うと、今度は俺の耳もとで猫なで声で囁《ささや》いた。

「こんなことがあることも、予想しててんやわ。な、大阪はええとこやろ」

こうして四人は、心斎橋《しんさいばし》駅西側の阪神高速道路の高架が見えるワンルームマンションで朝までいっしょに過ごすことになった。

「ここまで来れば案外、静かなのねぇ」

ゆかりは感心したように言った。

美佳はナンパされるのが初めてではないらしく平然としているが、ゆかりは俺たちふたりから取って食われるかのように、どことなく怯《おび》えが見える。

「大丈夫。そんな顔せんでもええよ」

西村はゆかりに人なつこい笑顔を向けて、彼女の緊張を解きほぐす。

そして、二階の自分の部屋のドアを開けた。

「ここが俺の新居や。借りたばっかかしで、まだなんにもあらへん。床にごろ寝しかできへんけど、ごめんな。堪忍してや」

「そんなこと気にせんといて。ほんま助かったわ、お邪魔します」

美佳はゆかりの手をひっぱり、勢いよく玄関の中へ入った。

「うわあ、すごくきれい。ぴかぴかやん。うち、うらやましいわぁ」

新居をべた褒めされて、西村はまんざらでもなさそうだ。

「新築で、ええ賃貸見つけたんや、こんな街の真ん中でな。場所のわりにはえらい静かやで」

「たいしたもんやな」

俺もずっと無言でいるわけにもいかないので、西村を褒めた。

「さあ、飲みなおしや、飲みなおし。そやけど、ほんまに便利になったもんやなぁ」

西村がマンション横のコンビニで、大量の酒を仕入れてきた。

大阪の中心部でも、今とは違ってコンビニもまだ数えるほどしかなかった時代である。

「近くにコンビニがあると、俺ら飲んべぇには大助かりやがな。こんな遅い時間でも、まだ酒にありつける。さあ、飲も飲も」

西村はひとりではしゃいでいるが、残り三人は多少遠慮して、固まっている。

「わいが席を整えるから、おまえ、こちらのお嬢さんがたに愛想せんかい」

そんなこと命令されても、西村の家に来るのは、俺も初めてである。

「今になって、気ぃついた。明日は日曜なんやな。これからまだまだ飲みなおすことができるわ」

女ふたりに聞こえるように、西村が言った。

「このエアコン、よう効いて気持ちいいわねぇ」

美佳が上着を脱いで、汗を乾かしはじめた。白いシャツの下で、大きな乳がゆさゆさと揺れているのがよくわかる。

うれしかったが、目のやり場に困ってしまう。

「乾杯！」

テーブルも椅子もまだないので、床に車座になっての酒盛りとなった。

「いいお部屋ね。私、すっかりここが気にいっちゃった。ゆかちゃん、どう」

「私も、そう思う」

この頃にはゆかりも、ずいぶんくつろいでやわらかい表情になっていた。足をくずし、缶ビール片手にイカの燻製を頬ばっている。

彼女のあまり血の気のない、頼りなげな横顔は、俺のタイプだった。

酔いと疲れがたまったころ、西村は女ふたりをフローリングの上に毛布を敷いて、眠らせた。

「あんまし寝心地はようないやろけど、ここで寝てくれる」

「平気、平気」

ふたりとも、気にする様子はない。

「じゃ、俺らはこっちで寝るさかい。お休み」

玄関側に毛布を敷いた。

軽い寝息をたてて、美佳とゆかりは眠りはじめた。

「おまえ、眠れるか」

西村と並んで横になったが、手の届くところに女がふたりもいるので、寝る気分にはなれなかった。

「ナンパなんて、初体験なんやろ」

「そんなこともないけど……」

俺が見栄を張ると、西村は余裕の表情で、

「ちょっと、美佳ちゃんの横へ行ってくるわ。どうやるもんなんか、ちゃんと見とけよ」

と、おもしろそうにささやいた。

「ハロー、ご機嫌いかが」

西村は、美佳とゆかりの間に割りこみ、腹ばいになった。

「きゃははぁ。絶好調よ」

美佳が笑いながら毛布の上で転げまわった。

隣りに西村が来ても、はしゃぐ美佳と違い、ゆかりは寝入ったふりのまま微動だにしない。

「僕ちゃん、美佳ちゃんのこと、だあぃ好き」

西村は美佳に軽くおおいかぶさり、ふざけて軽くハグする。

美佳は最初は抵抗するそぶりを見せたが、それはどうやら西村の気を引くための作戦だったようで、すぐに自ら両腕をまわして彼を抱きしめた。

「はああぁん」

西村がブラウスの上から両手で乳房を揉みはじめたので、美佳は快感に身もだえしはじめた。

西村は慣れた手つきで美佳の着衣を脱がせると、自分も裸になり、ふたりの腰に毛布をかけた。

「ここは、あとのお楽しみにさしてや」

西村は美佳のブラジャーを取るのは、最後にしたいようだ。

隣のビルの照明の光が、西村の部屋に射《さ》しこんでいるので、彼らの動きはリアルにわかる。

毛布がリズミカルに動きはじめた。美佳は西村を大股を開いて受け入れているみたいだ。

クライマックス近くになると、西村はブラジャーを上にたくしあげた。そして俺の位置からでもはっきりわかるほど、硬直した乳首を吸いたてる。

「あぁ……イクゥ……」

美佳が絶頂の声をあげた。

ゆかりはそれでも眠りこんだふりをしていたいようだが、さすがにそれはできないらしく、顔を彼らに向けたり、逸《そ》らしたりしている。

もちろん俺は、ふたりの動きから目を逸らすことなどできるはずもない。

目の前の痴態が、乾いた冷たい空気をみるみるうちに熱く、湿っぽいものに変えた。

俺の股間は、すでにぴんぴんに反応している。

「とっても気持ちよかったわぁ」

美佳が西村に軽くキスした。そのあと、ひそひそ声で話を始めた。ほんの数時間前に出会ったとは思えない、数年来の恋人同士みたいな親密さだ。

「ちょっと外へ出てくるわ。美佳ちゃんがあんましかわいかったんで、えらいがんばってしもうた。腹がぺこぺこや。飲んでばかりやのうて、ちょっとは食わんとな」

西村は女たちに気どられないように、俺を手招きした。

「絶好のチャンスやで。逃したらあかん。おまえのここ、いきり勃《た》っとるやろ。ゆかりちゃんも同じや」

「どういうこと？」

「寝入ってるふりしてるけどな、あの子のあそこ、もうヌレヌレのムレムレやで」

西村はニタッと笑って続ける。

「よう見てみいや。寝転んでても、足を組みかえたり両膝をすり合わせたりしとるやろ。おまえ、きっちり満足させたれや。ちょっと刺激しすぎてもうたかな」

ひとりでまくしたてると、西村は外へ出ていった。

「ああ、すっきりした」

西村がいなくなってすぐ、シャワーを終えた美佳が風呂場から出てきた。

「あら、あの人は？」

「今、食べ物を買いに出てった」

「じゃ、私もちょっと外の風に当たってくるわ」

そう言うと、美佳も急いで外へ出ていった。

ゆかりと俺のふたりきりになってしまった。

西村の指摘どおり、俺のチ×ポはズボンを突き破らんほどに怒張しきっている。狭苦しく感じた西村のワンルームがこのときばかりは、だだっ広く思えた。

西村がここを借りて、まだ一カ月も経《た》ってないから、きれいでホテルに泊まっているような気分だ。新しい木の香りがして、壁も床も蛍光灯の光でぴかぴかと輝いている。

ゆかりが寝返りをうって、目を開けた。

「あら、どうしたのかしら」

彼女は俺の顔をまじまじと見た。

さっき西村が言ったことを思い出し、俺は思わずニヤついてしまった。

ゆかりは俺を気にしながら、手鏡を取り出して乱れた髪をなおしたり、駅で配っている小さい時刻表を見たりしている。

「ひっかけ橋でナンパされて、美佳ちゃんとここまでついてきちゃったんだ。私としたことが調子に乗ってしまったみたい。ところで、あの子は……？」

「さっき外の空気に当たりたいって、出ていったよ。西村といっしょかもね」

「私、もう帰らなきゃ。お邪魔しました」

ゆかりは立ちあがり、身支度を整えはじめた。

「時計を見てみなよ」

その手を俺は押さえた。

「あら。まだ三時にもなってない」

「始発まで待ちなよ」

俺はそのまま彼女を壁に固定して唇を奪った。

「うぐ……」

だが、ゆかりは逆らわず、俺の口の中へ舌を差し入れてきた。しばらく互いの舌で、鬼ごっこを楽しんだあと、俺はブラウスの上から乳をまさぐる。

「急ぐことないだろ」

「そうよね……」

ゆかりは抵抗するつもりはなかったようだ。彼女を押し倒し、上半身を裸にした。

さっき飲んだアルコールが抜けきっていないのか、肌はほのかにピンク色だ。

ゆかりの両手首を手で固定し、じっくりとディープキスを楽しんでから、黒いスーツのパンツを脱がせ、続けてショーツもはぎ取った。

「待って、いくらなんでも、そこまでは……」

ゆかりは両手で股間を隠そうとした。

あの子のあそこも、きっとヌレヌレやでぇ……。

俺は西村のさっきの言葉を思い出した。

ゆかりの白くほっそりとした腰のまわりに、下着のゴムの痕がほの赤く浮き出している。

その卑猥さに、俺は一気に欲情してしまった。

淡い性毛のその下にある陰裂を、恐るおそる人さし指でなぞってみる。

「あ、いやっ」

ゆかりは驚いて、両腕と両脚を同時にひっこませた。子犬がじゃれたときのような姿で、ちょっと滑稽だった。

「本当は君も見てたんでしょ。さっき彼らがやってたこと」

割れ目には粘液があふれ、陰毛もぐっしょりと濡れていた。

さっき西村が俺にささやいたことは正しかったのだと感心した。

「そんなもの、見るわけないわよ。私はよく眠ってたもの」

怒った口調だったが、口先だけのことである。頭はごまかせても、体をごまかすのは不可能である。

「情けないけど、こんなになってしまったよ」

俺はズボンを脱ぎ、ゆかりの目の前で仁王立ちになり、勃起を突き出してみせた。

彼女はそれをちらりと見てから、慌てて目をそむける。

「見たことあるの、男のチ×ポ?」

そう声をかけると、ゆかりはあきらめて、俺のペニスを凝視した。

「動物のみたい。子供の頃に飼ってた犬のは、よくそんなふうになってた」

ゆかりが高い声でまくしたてた。明らかに虚勢を張っている。さっき眠りながら、西村たちの行為を見て、自身が発情したことは隠していたいようだ。

今しがたディープキスを嬉々《きき》として受け入れたくせに、理性を取り戻そうと彼女は必死になっていた。

昂《たか》まった欲情を、どうにかして抑えこもうとしているようにも見えた。

「私、こんなの嫌いなの。すごく気になる」

そう言うと、ゆかりは部屋のあちこちに散乱している缶ビールや酎ハイの空き缶を拾いはじめた。

西村が部屋が出るとき言ったことを、俺は頭の中でゆっくりと繰り返した。

深呼吸せえ。落ち着くんや。あの女を絶対ものにするんやで……。

御堂筋を走る車の音が、このマンションにまで響いてくる。外はまだまだ暗いが、そのうち夜も明けるだろう。

「ほら、すっかりきれいになったわ」

ゆかりは毛布に横になってから、ゴミをあらかた片づけたか確認しているようである。

「来て」

とにかく部屋をきれいにしないと、セックスに全集中できないようだ。

俺が強制しなくても、観念したゆかりはもう一度、自らショーツを足首のところまで下げ、俺を迎え入れる準備をした。

俺は狙いを定め、彼女の膣にねじこんだ。ペニスの先端から腰へ、続いて体中に快感が染みわたってゆく。

ゆかりは目を強く閉じ、チ×ポから加えられる圧力を楽しんでいる。

ゆかりの両肩を押さえて、抜き差しを開始。ゆかりの全身がピンク色に上気しはじめた。

だが、首にまわされた彼女の両腕に力がこめられたとたん、俺はあっという間に絶頂に達してしまった。

「……え？」

ゆかりが瞼《まぶた》を開き、怪訝《けげん》そうな顔をした。今起きたばかりのことが、まだ理解できていない様子だ。

まずい展開になったのかもしれない。

射精後、俺のものは急速に縮こまり、あっという間にゆかりの中から吐き出されてしまった。

「なに、それ?」

彼女は怒りを抑えているようである。

「君がすごくきれいだったから、つい……」

とっさに俺は、言い訳にならない自己弁護をしたが、それがよけいに、ゆかりの反感を買ったみたいだった。

「もしかして、もう終わっちゃったの。中途半端じゃないのよぉ」

俺は無言で彼女の腰を抱きかかえた。さっき見た肥満ぎみの美佳の臀部《でんぶ》よりスレンダーで、こちらのほうが俺には好ましい。

形ばかり逃れようとするゆかりの顔に毛布をかけ、俺は彼女の秘所をしばらく鑑賞した。

「恥ずかしいじゃないのよ」

毛布をはずし、ゆかりは自分の下腹にかじりついている俺をなじった。だが、それを無視して陰裂に右手の指を差しこんだ。

「はあっ、はあっ、あん」

ゆかりは、大声をあげつづけ、俺の頭を自分の体にひきよせた。

俺も興奮し、チ×ポはふたたび、最高潮に怒張した。

「このまま入れて」

ゆかりが息も絶えだえに言った。

まっさらのフローリングの床は、彼女からあふれ出た愛液で鈍く光っていた。

新居を汚してしまってはまずいと思い、毛布で床を拭いた。ゆかりは夢中で、そんなことに気づいてはいない。

一回目は不調だったが、同じ失敗を繰り返すことは許されない。深呼吸して、自律神経を整える。

ゆかりの股を大きく開き、チ×ポを進めて、抜き差しを繰り返してみた。

「ああっ、気持ちいい」

ゆかりは瞼を閉じ、貪欲に性感を味わっている様子だ。

続いて、ゆかりの片足を持ちあげ、挿入しなおした。

ゆかりの嬌声《きょうせい》がさっきより大きくなり、俺もほどよい快感が持続して、今度はふたり同時に、果てることができた。

玄関のドアをノックする音が聞こえ、西村と美佳が帰ってきた。

俺とゆかりは大慌てでバスタオルで体を隠し、ふたりを招き入れた。

「首尾ようやったな。せやけど、もうちょっと周囲を気にせんとあかんで。声がおっきすぎたがな」

西村が笑った。

ゆかりが一瞬、迷惑そうに西村を見た。

「まあええか、こんなこともあるがな。エッチもな、盛りあがったときは、気心の知れた何人かでやったほうが楽しいんや」

「ほんま、ほんま」

美佳が西村に相槌を打った。

「おいおい、おまえまたその気になっとるやないけ」

「だって、あんな声を聞かされたら、しゃあないと思わへん？」

美佳が腕を西村にからめ、手のひらで西村の股間を愛撫しはじめた。

ふたりは部屋に入ってくるなり下半身だけ裸になって、あぐらをかいた西村の上に美佳が座り、座位で交わりはじめたのである。

美佳が愉悦の声をもらしはじめたがなるほど、ゆかりみたいな声ではなく、控えめな声である。

室内に瘴気《しょうき》のようなものが立ちこめ、空気はふたたび、どろんとしはじめた。

「外の空気を、吸いに行こか」

俺はゆかりに言った。

「ええやん。ここにいとけよ」

西村が俺とゆかりに声をかけたが、充分に満足した俺たちが今度は彼らに遠慮したのである。

外がしらじらと明けはじめた。朝の空気は冷たく心地よかった。ゆかりの体温を身近に感じ、少し頭をはっきりさせたい。

ブラックコーヒーでも飲もうと、俺は近くにあるというコンビニを目で探した。

吸盤を持つ人妻――大阪府・不動産賃貸業・五十八歳

初めてふみを見かけたのは、僕が三十五歳の秋の夜だった。

友人の秀人の誘いで始めた卓球が少しうまくなったころ、よその試合に参加したのだが、そのとき、超ミニのスカート姿で打ち合っている女に目が止まった。

身長は百六十センチくらい、細くてきれいでな脚。茶髪でショート。横から見ても乳が目立っていた。

ええ女やなぁ……そう思った。

彼女がラリーを終え、椅子に戻るときに顔が見えた。

衝撃的なバックシャン！

目は大きくて美しいのだが、エラの張った顎が残念。失礼だが、総合的な器量としてはいまひとつ、いやふたつといったところか……。

試合が始まる前に登録名を見ると、名前は「○野ふみ」だった。試合の組み合わせを見ると、同じテーブルでの対戦だった。

ふみを漢字にすると「不美」か。いくらなんでも美しくないってのはないだろうと、僕は心の中で笑い、そのあとは、ほとんど乳と細い脚にしか目がいなかった。

翌週、ふたたび試合に参加したが、なぜか、ふみのことが気になった。豊満な乳と細い脚のせいだろう。

会場に入ると、練習をしているふみを発見。先週と同じように超ミニで、僕を見るなり手を振りながら、彼女が近寄ってきた。

「こんばんは」

互いに挨拶を交わす。

「先週は楽しかったわ」

「俺も楽しかったで」

「これからも仲よくしてね」

「こちらこそ」

どうせなら揺れる生乳が見たくなってきた。

何回か試合に参加したあと、互いの連絡先を交換。当時はＬＩＮＥなどなかったので、メールでのやり取りを始める。

そしてわかったことは、僕より三歳下の三十二歳、既婚で子持ち。昔は太っていたらしい。ならば、乳は垂れているかもしれないと思うと、関心が薄れそうになる。正直、乳しか興味はなかった。

そのあとのメールに「スイミングとエステが趣味」と、あったので、

——ほんだら、身体に自信あるんとちゃうん？

期待をこめ、そう返した。

——それはどうかなぁ？

——写メ送ってや、誰にも見せへんから。

こんなやり取りを繰り返しているうち、ある日のメールに、

——ほんだら、実物見る？

と言ってきた。

——えっ、ほんまか。見せてくれるん？

――ええよ。

――いつ会う。やってもええんか？

――ええよ。ベッドに行くときだけでええから、お姫様だっこしてくれる？

――抱っこしまんがなぁ。

そして、約束のお姫様抱っこの日が来た。

正直、美人と会うときのようなワクワク感はないが、怖いもの見たさのような気持ちで家を出た。

待ち合わせの場所に着くと、ふみは先に来ていた。黒のダウンのベストにミニスカート。スタイルに自信があるのはわかる。そこは認めてやろう。

「待った？」

「家の窓から見ていて、出てきた。家、そこ」

彼女が示した家の表札を見ると、たしかに彼女の姓になっている。

「ええっ……ふつう、家の前で男の車に乗るか？」

「気にせえへん」

「ばれるで……」

聞けば、旦那はあまり関心がないようだった。

「そんなら、ええけど……じゃ、飯食べ行くか？」

「うん。ビール、飲みたい」

「わかった」

だが、ここで問題に気づいた。

明るい店はダメだ。この「不美」のふみといっしょにいるところは誰にも見られたくない！

秀人《ひでと》に電話をする。

「なあ、○○あたりで暗い店ないか。個室でもかまへんけど」

「また女か？」

「○野って女、知ってるやろ。そいつと会うてるねん」

「えっ、○野……おまえ、いくんか。ほんまチャレンジャーやなぁ」

「チャレンジャー……冒険家と言え」

教えてもらった店に向かった。掘りごたつつきの個室がある居酒屋だ。

まずはビールで乾杯。

「この店ええなぁ。個室で掘りごたつやから、アホなこともできる」

二杯目のジョッキが空になるころ、下ネタで様子をうかがってみる。

「ほんまやねぇ」

ふみは目もとをほんのりとピンクに染めている。

「ふみは、いつもミニはいてんのか？」

「初めて会うからはいてきてん。男って、こんなん好きやろ？」

ふみがニッと笑った。

「そら好きやで。せやけど、パンツ見えるぞ」

「見えへんわ」

「ほな、見るぞ。風呂、入ってきたか？」

「ちゃんときれいでに洗ってきとるわ。でも、見やんといてや」

僕はいたずらしたくなって、掘りごたつに潜ってふみの両膝をひろげた。

やっぱ、ええ脚しとる！

「やめてや。恥ずかしいやろ」

「笑ろてるやん。暗うて見にくいわ。もしかして、濡れてんちゃうん？」

「なんでやねん。まだ濡れてないわ」

「ほんまか。確認したるわ。どれどれ……」

手を伸ばし、パンストの上から割れ目をなぞってみる。

「あん、こんなとこでやめてや」

「かまへんやん、個室やから誰にも見られんし」

割れ目に顔を近づけて、鼻でクリクリしてやると、なんとも言えないよい匂いがした。

「あっ、あん」

「おっきな声出すなよ」

「……うん」

パンストを脱がせ、ワインレッドのレースパンティーを指先で確認すると、割れ目にそってシミが浮き出している。

「ほら、濡れてるやんけ」

「クリクリするからやん。私、濡れやすいからしゃあないやん」

パンティーの上からクリちゃん攻撃を続ける。

「う、うっ、うっ……」

声から判断すると、口を手で押えているようだ。

パンティーを脱がせ、自分のポケットに入れた。

暗くてうっすらとしか見えないが、陰毛の一辺が五センチくらいの、逆正三角形に揃えてあった。

黒蝶の羽根のあたりを撫でてみると、愛汗もたっぷりである。

僕は、濡れそぼった指先をおしぼりで拭いてからこたつを出た。

「おまえ、すんごい濡れるんやなぁ」

「さっき、ゆうたやん。濡れやすいって」

「それでもすごいで。おしっこ漏らしてるみたいやん」

「ゆわんといてよ」

「でも、ええんちゃうか、すっと入りそうで」

「今度は私の番やで」

ふみがこたつに潜った。

「俺はいらんって」

「あかんよ。順番やん」

ズボンの上からチ×ポをやさしく撫ではじめたと思うと、すぐに手の動きが止まり、こたつから出てきた。

「やっぱりキスからしょうよ」

ふみが唇を重ねてきたが、舌の使い方がうまかったので驚いた。歯の表裏や歯茎まで舐めまくる舌の使い方が絶妙なのである。

この舌遣いで、俺のチ×ポと遊んでくれたら、どんなんかなぁ……？

想像だけで、エフェクトした。

ふみがふたたびこたつの中に潜った。

「もうええって」

「あかんよ。私の時間やん」

ベルトをはずし、ズボンを脱がしてパンツの上から唇でハムハムしはじめた。

「わあ、ビンビンやん」

「当たり前やんけ。勃《た》てへんかったら来てへんわ」

パンツも脱がされた。

「なあ、こんなとこでやめとこや」

「いややね。私もやるねん。あんたも先っちょ濡らしてるやん」

パクッ！

咥えられた瞬間、うまいのがわかった。

亀頭を唇で挟み、吸いこむように咥える。

「うっ……」

「こんなとこで声出しなや」

「おまえなぁ……うっ、うまいなぁ」

「悦《よろこ》んでん？　うちがイカせたるわ」

「あかん……イクッ」

強烈な吸引と舌遣いに耐えきれなかった。

「あっ……」

ふみは、ゴックンと飲みほした。

「飲まんでも出したらええのに」

「いいねん。私の勝ちやで」

「勝ち負けあるんか。まいった」

ふみがビールのジョッキを片手に笑った。

「あんなけ吸われて、舌使われたら、もつわけないやん」

「せやろ」

「おまえの前世はタコか？」

「タコで……もっとほかのにたとえてや」

ズボンをはいた。

「私のパンティーは？」

「おまえが勝ったんやから、ホテルまでノーパンや」

「なんでやねん」

店を出て、ホテルへ向かう車中で……。

「なんかスースーするわ」

「どこ。ここか？」

「危ないからちゃんと運転しいや」

「もう濡らしとるやん」

「触るからやん」

感じとんか……？

中指を挿入してやると、まるで呼吸をしているかのように、肉壁が中指を締めつけてきた。

「おまえ、意識して締めてるんか？」

「うん。練習してん。あとでチ×ポもやったるわ」

「チ×ポ言うな。そんなんしたら、すぐイッてまうど」

「かまへんよ。すぐに復活させたるから」

「すでに一回出してんやで。もう無理やで」

「楽しみにしときや」

こいつは、なんなんや？

ホテルに到着。エレベーターの中でもキスをしてくるし、男にとってはええ女やと思う。

「お風呂、いっしょに入ろう」

「ええよ」

「最初やねんから、ちゃんと服脱がせてや」

「わかったよ」

「ちゃんとキスしながらしいや。私の扱い、悪くない？　いつもはそんなんちゃうやろ」

「わかった、わかった。ちゃんとやるわ」

ダウンベストとブラウスを脱がせると、パンティーと揃いのワインレッドのブラジャーが現れた。

ふみの背後にまわり、耳から首を舌で攻めながら、ブラジャーの中に手を差し入れる。乳房に正比例して、乳首も少し大きめだ。

ブラジャーをはずす。だいぶ下がっているけど、なかなかのええ乳である。

「私も脱がせたるわ」

「俺は自分で脱ぐからええよ」

「最初やからって、言うてるやん」

「わかった。ほんだら頼むわ」

電気を消した。

「なにしてん。私だけ明るいときに脱がして」

「たまたまやん」

「ちゃんと見せや」

「おまえって、細いのに乳でかいなぁ」

「話変えな。これでも、昔はもっと大きかってんで。子供産んでしぼんでしもてん」

「まあ、子供にお乳やったらしゃあないなぁ」

ふみに服を脱がされ、ズボンとパンツも脱がされた瞬間、お口にパクッ！

「あかんって。あとでしてや」

「気持ちええやろ」

「そら、気持ちええけど」

なんとかマウントを取り返し、いっしょにシャワーを浴びたあと、ベッドへ。

「約束したやん。抱っこしてやぁ」

「すまん。忘れてた」

抱きかかえると、キスをしてきた。甘え上手に咥え上手。器量はともかく、ほんまにええ女や。

太っていた痕が腹部に残っていた。大きめの黒い乳首、縦長の乳輪、きれいでに整えられたデルタ地帯……。

　電気を少し暗くし、やさしくキスをした。

「ありがとう。私、こんな顔してるから、嫌われないようにしてたんねん」

「そんなん気にせんでええよ」

　乳を下から持ちあげるようにまわしながら揉み、匂いも悪くないデルタ地帯を舐めはじめると、

「あっ……あん、ん、ん」

　すぐにイッてしまった。

「もうイッてもうた。でも、何回でもいけるでぇ」

　ふみが笑った。男にとっては、ほんまにええ女や！

「もう入れさせて」

　ふみは僕の上にまたがると、生のままで一気に奥まで呑みこんだ。

「あっ、ああ」

　声をあげながら、ふみが腰を激しく使いはじめる。それも腰を下ろしたタイミングで締めつけ、肉壁に吸いつかせて持ちあげたタイミングで解放。まるでタコの吸盤で

ひっぱりあげられているような刺激だった。

「ああ、もう私、イキそう。いっしょにイッてぇ」

限界を超えて我慢していた僕は、ふみの腰に手をまわし、思いっきり下から突きあげてゆく。

「そのまま中でイッてぇ」

「おお」

同時に昇天を迎えた。

やさしく唇を合わせる。

器量のことは悪くゆうてたけど、ほんま、ええ女やった。

ふとももの奥――大阪府・無職・七十三歳

私が二十二歳で挙げた結婚式のとき、四年ぶりに佳姉《よしねえ》と顔を合わせました。

「カズたん、おめでと……」

たどたどしい言葉で、三歳になる佳姉の子供にも祝福されました。

佳姉の本名は佳子《よしこ》。父のいちばん下の妹ですが、父とは二十歳も年が離れているので、私とは五歳しか違わない叔母さんです。

私が子供のころ、両親は共稼ぎのため、いつも留守がち。代わりに公園や買い物に連れて行ってくれたので、実の姉のように甘えていました。

ところが、交通事故で佳姉の足が不自由になってからは、自分の部屋に暗く閉じこもりがちになり、当然、私の面倒も見てくれなくなりました。

祖母が亡くなったあとは、渋々面倒をみてくれるようになりましたが、歩けないので離れた所から私を見守っているだけでした。

しかし、思いがけない転機が訪れました。その日は特に暑い日で、家の中は蒸し風呂状態でしたから、外に遊びに行きたいと駄々をこねると公園に連れて行ってくれたのです。

砂場で山を作り、トンネルを掘っていると、悪がきたちがやってきて、私は無理やりにすべり台のテッペンに押しあげられました。

高い所が苦手の私は、すべり降りることができずに泣き叫びました。

しばらくして、佳姉はやっと気がつき、私の所に来ようとしたのですが、足が不自由なため、うまく階段が上れず難儀していました。

必死の形相で這うようにしてたどり着いたとき、私は怖さに震え、おしっこをもらしていたのです。

「カズ、もう大丈夫よ！」

ギユッと私を抱きしめ、スカートが漏らしたおしっこで濡れるのもかまわず、膝に乗せてすべり降り、

「もう大丈夫よ」

泣きじゃくる私をおんぶしてくれた。心地いい揺れで、いつのまにか眠り、あとは覚えていません。

その日以降、以前の佳姉に戻り、私が高校一年のときに結婚するまでずっと面倒見てくれました。

卒業後、名古屋にある会社の就職を紹介してくれたのも、佳姉でした。

寮に入らないとダメだという条件でしたので迷いましたが、熱心に勧められ、入社することにしました。そして寮生活に必要な細々した買い物などを、母のようにいそいそとつき添ってくれました。

入社日の前々日の朝のことです。結婚していた佳姉の家に行く途中、偶然、駅前で喫茶店に入る叔父さんと女の人を見かけたのですが、そのうしろのほうで佳姉がキョロキョロしているのが見えました。

「佳姉！」

私が声をかけますと、

「あっ、カズ君……！」

一瞬、困ったような顔をしましたが、すぐに決心したように、

「うちの人、見なかった？」

と訊《き》きましたので、喫茶店を指さしました。

すると佳姉の身体から急に力が抜け、よろけたので慌てて支え、店内が見わたせる場所に行きました。

窓越に叔父さんがニコニコしながら女の人と話している姿が見えています。あの厳格そうな叔父さんが……と思いました。

叔父さんの様子をじっと見つめたまま、佳姉がポツリポツリと話しはじめました。

「料理してるとき、電話があったの……あたし、手が濡れていたので、うちの人が出たんだけど……」

佳姉のこめかみがヒクヒクと震えています。

「デレデレした顔だったんで、誰からって訊いたら、急に怒り出して……プイと外へ出ていったの」

そのとき、女だと直感したのだそうです。

「あたし、足が不自由でしょ。だから……きっといやなのよ……」

顔をゆがめ、寂しそうな声です。

「でも、あの人もかわいそうなのよ……」

それでも佳姉は叔父さんをかばいます。

去年亡くなった叔父の父親が厳しい人で、交際中だった女の人と無理やり引き裂かれたのだそうです。

そして下着に口紅がついていたり、外泊もたびたびだったと喋《しゃべ》りはじめると、堰《せき》が切れたように愚痴が止まらなくなりました。

どう言葉を返せばいいのかと困っていた私の表情に気づいた佳姉は、話題を変えるように、

「ああ、お腹空いちゃった。あっ、そうだ。カズ君の入社のお祝いしなくっちゃね」

佳姉に誘われるまま駅前のレストランに入り、ステーキを食べると笑顔が少し戻ってきたようでした。

「ありがとう、カズ！」

佳姉がニッコリ微笑《ほほえ》んだので安心しました。

「もう大丈夫よ。カズもお仕事、がんばってね」

そして反対に、つらいことがあったら、真っ先にあたしに電話してくるのよと励まされました。

駅で別れるときも、いつまでもバイバイと手を振ってくれました。

ただし、佳姉が元気そうに見えたのはそこまでで、遠ざかってゆくうしろ姿がやけに寂しそうでした。

帰宅すると、私は急に佳姉のことが心配になり、友達の家に泊まってくると母に嘘をついて、佳姉の家に向かいました。

家に着くと中が真っ暗でしたから、裏庭にまわり、寝室の窓から中をのぞくと、ベッドにボーッと座っている佳姉が見えました。

ドンドン……。

窓ガラスをたたくと、佳姉がやっと気づきました。

「カズ……まあっ、体が冷たくなってるじゃないの」

もうすぐ四月だというのに寒い日でした。

「佳姉が心配で、心配で……」

叔父さんが在宅していると思って、まわりをキョロキョロ見ていると、

「二、三日、あの人は帰ってこないわよ。いつものことよ」

と言われ、ホッとしました。

「バカねぇ、さあ、お入りなさい……今、お風呂に入ろうと思って寝間を暖めてるから……」

部屋に入るとベッドのそばのストーブが赤々と燃えていて、凍えていた体が生き返るようでした。

座って待っていると、お風呂の湯加減を見てきたのか、佳姉はタオルで手を拭きながら、

「こんな遅くに来て……お母さんが心配するでしょ。それに……」

明後日には寮に入るのだから、体を休めていないとダメじゃないのと叱られました。

「母には友達の家に泊まると言ってきたから」

「え……でも……あたしは大丈夫よ」

佳姉は口ではまだ強がりを言っていましたが、すぐに涙で顔をクシャクシャにしたかと思うと、

「カズ君……」

私にしがみついてきたのです。

佳姉の大きなオッパイが私の胸に当たって、プニュッと潰れたとたん、私の股間がムクムクと勃起を始めました。

思えば、これが佳姉を初めて女性だと意識した瞬間でした。

あ、やばい……。

股間の変化を悟られないように体をよじったのですが、これが失敗。かえってギンギンに勃起した男根を、佳姉のやわらかい下腹に突き刺すような状態になってしまいました。

ところが、佳姉はいやがるどころか、その感触を確かめるように何度も腰を迫り出してきますので、私を男として認めてくれたのだと思いました。

自然に唇が合わさり、初めてのキスをしました。最初はぎこちなかったのですが、次第にお互いの舌や唾液が行き来する濃厚なキスに移っていきます。

「ごめんね、カズ君、心配かけて……」

その口を塞ぐようにふたたびキスをしながら、おずおずと服の上からオッパイを触ります。

「あん、だめよぉ、お母さんに……悪いからぁ～」

佳姉が切れぎれに訴えましたが、それでも執拗《しつよう》に揉みつづけているうちに吹っきれたのか、

「うふっ、バカねぇ、あん……く、苦しいから、ちょっと待って……」

佳姉が自らブラウスのボタンをはずし、ブラジャーのホックをはずしました。ポロンと大きなオッパイが私の目の前で弾みます。

真っ白な乳房に小さな桜色の乳首がツンととがっています。思わず強く吸いつくと、

「あん、や、やさしくしてね……」

甘えるように胸を突き出してきます。

チュパチュパ……レロレロ……チューチュー……。

私は本能的に乳首を攻撃しました。

「あん、だめ、だめよ、あああぁぁ……変になるぅ」

そう言うと、佳姉はブラウスを毟《むし》り取るようにして脱ぎ捨て、マシュマロのようなオッパイを惜しげもなくさらしたのでした。

ムニュッムニュッ……ペロペロ……チュパチュパ……。

白い肌に淡紅色のキスマークが咲き乱れてゆきます。

「あん、だめぇ……だめよぉ」

しかし、そんな言葉とは裏腹に、佳姉は力をこめて私の頭をがっちりと抱えこみ、オッパイをさらに強く押しつけてくるのでした。

ストーブとふたりの熱気で噴き出てきた汗が胸の谷間からお腹のほうへ伝っていきます。

「カズ君、ちょっと待って……あたしの体を見たら、きっと引くから……」

そう言うと、佳姉はスカートの裾を持ってバンザイしながらベットへ倒れこみました。スカートが佳姉の顔をスッポリと覆っています。

まず真っ白な木綿のズロースと生足が私の目に飛びこんできました。そしてよく見ると、右足は太くてツヤツヤしているのですが左足が細いことに気づきました。そうです、交通事故の後遺症なのです。

そのうえ、左足首から太股《ふともも》の上のほうまで紅《あか》く盛りあがった筋が何本も伸び、ズロースの奥のほうへ続いているのです。しかもその筋をジグザクに縫うように白いケロイド状の引き攣《つ》れがありました。

「……ね、醜いでしょ」

そっとその筋に触れてみると、ゴツゴツしていました。

「痛かっただろうな……」

私はポロポロと涙を溢れさせながら、その筋をやさしく舌で丹念にたどっていきます。

ペロペロ……ペロペロ……。

「もう痛くないから、大丈夫よ」

そう言いながら、佳姉は私の頭を撫でました。

でも、私の舌先は止まりません。ズロースの裾を押し開き、太股の付け根まで這わせてゆきます。

「あっ、だめ、だめよ……き、汚いから……」

佳姉が言ったとたん、ビク、ビク、ビクーンと腰が跳ねあがりました。

「佳姉、もっと奥も……」

見たいとせがむと腰を浮かせてくれたので、ズロースを一気に引き剝がします。すると、股間にはヌルヌルした赤黒い肉が盛りあがっていて、鶏のとさかのような肉片がプルプルと小刻みに震えていました。

「まだ、痛そうだね……」

そう言うと、私は壊れ物でも扱うように、慎重に唇を這わせていきます。

「ああぁぁん、だめ、だめぇ」

とがらせた舌先で赤黒い割れ目をなぞりあげるたびに、佳姉の全身がガクガクと震え、逃げようと身体を捻《ひね》ったとたん、小さな突起が私の口の中に踊るように飛びこんできました。

チュパチュパ……クチュクチュ……ムチュー……。

「ああん、き、気持ちいい……あん、や、やめてぇ」

佳姉の白い肌が、しっとり濡れたように仄《ほの》紅く染まっています。

「いやん、あたしだけ、裸にして……ずるい」

佳姉が私のズボンとパンツを一気に下すと、屹立《きつりつ》したチ×ポが勢いよくブルンと飛び出し、佳姉の下腹を打ちました。

「うわ、す、すごい……ぶっといチ×コ！」

誉《ほ》められて、男根が誇らしげにグイーンと佳姉の鼻先をかすめます。

「はあ……」

目の前で揺れているチ×ポを繁々と見ては佳姉は溜息を漏らし、照れていたのですが、我慢できなくなったのか、やんわりと握りしめました。

「……うわぁ、カチンコチンだ！」

位置を変えては何度も握ってみたり、パクリと咥えてみたり。佳姉の温かい舌がからみつくように亀頭部を忙《せわ》しく往復します。

「あっ、ダメです。で、出ちゃう……」

私がそう告げると、佳姉は慌てて肉棒を口から出し、自分の膣穴に押し当ててグリグリとこじ開けはじめました。

ズブズブ……ズブ……。

一気に根元まで突き刺さっていきます。私の骨盤が佳姉の骨盤に当たり、陰毛がジョリッと音を立てました。

「あっ、あっ……あひぃ……ダ、ダメぇ……」

糸を引くような佳姉の長い悲鳴に驚き、私が腰を引くと屹立がポロリと抜け落ちてしまいました。

「あっ、ダメ、ダメぇ、抜いたらダメ。は、早く、い、挿《い》れてぇ」

こんな硬いものを突っこんで、佳姉は痛くないのかなと心配しながら、濡れそぼる膣穴にふたたび挿入しました。

グチャグチャ……。

本能で抜き差しを開始します。

膣奥には無数のミミズが潜んでいて、グニュグニュと蠢《うごめ》きながらチ×ポにからみついてきました。

「あっ、出る、出ます……」

「あああぁ、いいのよ、いっぱい出してぇ」

佳姉の膣襞が激しく収縮を繰り返すので、たまらずビュッビュッと、大量の精液を膣奥へ放出しました。

あまりの気持ちよさに、私は放心状態です。

「あん、カズ君、置いてけぼりは、いやぁ」

佳姉が腰をせり出してきたので両足を肩に乗せて持ちあげ、ストーンと腰を打ちつけます。

「あっ、いい、いい……イク、イクイク……」

佳姉は白目を剝《む》いて身体を激しく痙攣《けいれん》させ、僅かに開いた口もとから涎《よだれ》がタラタラと糸を引いて滴り落ちています。

佳姉の癖を見つけました。リハビリのとき、自然に会得した「まんぐり返し」の技で、佳姉が自転車のペダルを漕《こ》ぐように足を動かすと膣奥が絶妙な動きをするのです。それはまるでチ×コを歯茎で咬《か》むような強烈な刺激でした。

その晩、私は数えきれないくらい佳姉の中で射精しました。

「カズ君、もう、朝よ」

翌朝、佳姉の声で目覚めましたが、けだるい感じがたまらなく気持ちがよかったです。ストーブの熱気とひと晩中やっていたセックスのために、シーツは濡れてヨレヨレになっていました。

ふたりとも汗ビッショリになり、気持ちが悪かったので風呂場に向かいましたが、佳姉は今でいう駅弁スタイルで繫《つな》がったまま、私の首にしがみつき、腰に足を巻きつけています。歩くたびにクチュクチュと膣口が蠢き、肉棒を刺激してきます。

やっと風呂場にお風呂にたどり着きましたが、お湯がぬるくなっていました。

「じゃあ、沸くまでの間……ねっ」

私がそう言うと、

「うふっ、バカッ」

言いながら、佳姉がクルリとうしろ向きになり、足を大きく開きました。するとボタボタと精液と淫汁の混ざった白濁液が風呂場の床に滴り落ちました。

その光景に興奮。うしろから突っこみます。激しい抜き差しを続けていると、

「ああん、カズ君、もうお風呂沸いたよぉ」

引き剝がすように私の勃起を抜いた佳姉が、お湯に入ろうと不自由な足を大きく開いて湯船の縁を跨《また》いだ瞬間、グビュー、ブチュブチュ……と盛大な音を立てて、ふたたび膣穴から精液が噴出しました。

太股を伝う精液を洗い流して佳姉が湯船に浸《つ》かると、私もヌルヌルのチ×ポを洗い流して入りました。

そして風呂からあがったあとも延々とセックスを続け、結局、帰宅したのは夜遅くになってからでした。

「お母さんに悪いから、もう、これっきりよ！」

別れ際、佳姉に強い口調で言われ、トボトボと帰宅したことを覚えています。

四月一日、予定どおり入社して寮生活が始まりました。私は必死に仕事に打ちこみました。

そして二十二歳のとき、いずれ大阪に転勤になるからと上司に勧められ、大阪堺の女性と結婚しました。

しかし、資産家のひとり娘として生まれた嫁はわがままでした。義母もワザとではないと思いますが、私の気持ちを逆なでするようなことを平気で口にしました。誰にも知られたくない週三回の夫婦の営みのことも、

「セックス時間が長いので、娘がいやがってますよ」

と、面と向かって言われたり、

「主人は若い頃から月に一回くらいでしたよ」

などと、わざわざ付け加えてきたりしました。

そんな家庭が次第にうとましくなってくると、私の結婚式のときに再会した佳姉と

の思い出が蘇ってきたのは、自然な流れだったと思います。

それから二年が過ぎた頃に大阪に転勤となり、駅前にアパートを借りました。そこに決めたのはもちろん、佳姉の家の近所だったからですが、なにも知らない嫁は、実家に近くなったと喜んでいました。

嫁は義母とお買い物ツアー、佳姉の夫である叔父さんの浮気も相変わらずのようでした。

そして私と佳姉は、休日のたびに近くの公園で互いの子供たちが元気に遊ぶ姿を眺めながら、のんびりと日向《ひなた》ぼっこを楽しんだものでした。

体験投稿募集中

思い出ぶかい性の実体験を、四百字づめ原稿用紙十〜十二枚にまとめてみませんか。必要に応じて手直ししたうえ、夕刊フジ紙面に掲載します。プライバシーは厳守。1万円分クオカードを進呈。採用作品は夕刊フジに帰属します。

住所、氏名、年齢、職業、電話番号を明記し、封書かメール添付、またはFAXでお送りください。

〒100-8160 夕刊フジ報道部「告白」係
メール：toukou@fujinews.com
FAX：03-3231-2670

◉本書は「夕刊フジ」に投稿、掲載された手記を収録しています。

左記は掲載順。一部は文庫収録の際に改題しています。

「先輩の秘密」（２０２１年３月）
「試着室の奥で」（２０２１年３月）
「ものはお試し」（２０２１年５月）
「女性用風俗体験記」（２０２１年６月）
「禁断のデザイアー」（２０２１年６月）
「ウシロ、好き？」（２０２１年７月）
「ひっかけ橋の夜」（２０２１年８月）
「吸盤を持つ女」（２０２１年８月）
「佳姉ぇの太股の奥」（２０２１年９月）

「淫語を口走る女」（２０１７年１月）
「半々で目覚めた夜」（２０１７年８月）
「老いの性欲」（２０１７年９月）
「肉食オヤジ奮戦す」（２０１８年６月）
「張りつめていた糸」（２０１９年８月）
「青春苦闘編」（２０２０年11月）
「淫らな女に育てる」（２０２０年12月）
「おばちゃんの哲学」（２０２１年１月）

監修　桑原茂一

編集協力　松村由貴（株式会社大航海）

私《わたし》の性体験《せいたいけん》投稿《とうこう》 淫《みだ》らな素顔《すがお》

二〇二二年 一 月 十 日 初版発行

編著者◉夕刊フジ【ゆうかんふじ】

発行◉マドンナ社
発売◉二見書房
東京都千代田区神田三崎町二－一八－一一
電話 〇三－三五一五－二三一一（代表）
郵便振替 〇〇一七〇－四－二六三九

印刷◉株式会社堀内印刷所 製本◉株式会社村上製本所 落丁・乱丁本はお取替えいたします。定価は、カバーに表示してあります。

ISBN978-4-576-21203-6◉Printed in Japan◉©株式会社産業経済新聞社 2022